鈴木天眼

大アジア主義の夢

橋 信 雄

歴史春秋社

鈴木天眼

1913年（大正2）3月、孫文が病気療養中の鈴木天眼を自宅に見舞った際に撮影された記念写真の中央部分（右から西郷四郎、鈴木天眼、孫文、天眼の妻タミ、福島熊次郎、宮崎滔天）

まえがき

国境を超えて人々に受け入れられ、受け継がれる思想というものには皆、普遍性がある。世界のどこにいても、人間が等しく大切に思う価値観が含まれているということだ。それは概ね、平和と人権を大切にする人間尊重の価値観であろう。それがあって初めて国境を超えて支持される思想となり得る。

「欧米列強の侵略にアジア諸国民が連帯して戦う」というアジア主義が国境を超えた思想として提起されたその瞬間から、そこには普遍的価値観が含まれていたはずである。その戦いは単に欧米の軍事力をアジアから物理的に駆逐するだけに止まらない。力を信奉し利己的に行動する欧米覇権主義を、平和・共生と利他の精神に立脚する東洋思想で凌駕する思想上の戦いも含んでいたはずだ。孫文《そんぶん》が「大アジア主義とは文化の問題である」と言ったのは、まさにそのことであろう。国境、民族の区別なく、等しく共有できる政治理念の実現を呼びかけるのが、アジア主義の運動であったはずである。

従って、「日本の国益優先のアジア主義」などは論理矛盾をはらむ言葉で成り立たず、「侵略を是とするアジア主義」も、「他国民、他民族への差別を容認するアジア主義」も、本来あり得ないし、あってはならない。しかしながら現実には、似て非なる「アジア主義」が政治を動かし、むしろ真のアジア主義を圧殺する方向へと歴史を先導した。なぜ、そのようなことになったのか。それを考える手掛かりを与えてくれるのが、明治時代後期から大正時代に活躍したジャーナリスト、鈴木天眼《てんがん》の数々の論説である。そこから、当時の多くのアジア主義者が道を誤った原因を探り、本来、大道を歩んで輝き続けるはずだった真のアジア主義の原型を見出すこともできる。それは時代の暗流に押し流されはしたものの、21世紀の今、すくい上げてみると、なお輝きを失っていない。これを現代の我々が未来への指針に生かすことも可能だろう。普遍的思想は時代を超える思想であるからだ。

鈴木天眼（1867―1926）は福島・二本松出身のジャーナリストで、

二六《にろく》新報の初代主筆を務めた後、より自由な言論活動を行うために長崎に新天地を求め、東洋日の出新聞を創刊した。その論調は清新で、反骨精神にあふれ、権力の不正を許さず、国民一人一人の人格を大切にする人間尊重の思想で貫かれていた。民権派アジア主義が国権派アジア主義に呑みこまれていく時代の潮流に抗して、天眼はよく民権派アジア主義の孤塁を守り、その思想をデモクラシーと合致させ、人類普遍の思想に高めようと努力した。当然、軍国主義、国家主義が拡大する時代の暗流と衝突し、幾多の言論弾圧を受けるが、天眼はひるまず信念を貫いた。本書は、その思想と苦闘の足跡を百年の歳月を超えて蘇らせ、人間天眼の魂を現代において受け継ごうと試みるものである。

2023年夏　　　高橋　信雄

目次

第1章　疾風怒濤の青年時代

福島二本松に生まれる

鈴木天眼《てんがん》（本名は鈴木力《ちから》、後に天眼と号す）は慶応3（1867）年7月8日、福島二本松藩士、鈴木習《ならえ》の長男として生まれた。父の習は天眼誕生前に亡くなっている。天眼誕生の翌年に戊辰戦争が始まった。二本松藩は隣の会津藩と共に、押し寄せる新政府軍と戦い、多くの犠牲者を出した。少年まで戦闘に参加した二本松少年隊の悲劇は、会津白虎隊の悲劇と並んで、今も語り継がれ、涙を誘う。幼少の頃から、二本松、会津両藩士の壮烈な最期について語り聞かせられるうちに、天眼の胸に、権力に屈しない強烈な反骨精神が養われた。

天眼の祖父の二本松藩士、鈴木又右衛門も討ち死にした。又右衛門は熱心な勤王家だったという。本来なら勤王の旗印の下に死に場所を求めたかったはずである。だが、主君の命に従って、錦の御旗を掲げる新政府軍と粛々と立ち向かい、潔く散った。その心中はいかばかりであったか、と後年、天眼は祖父を思いやる。「人間、私心を捨て、義のために命を捧げなければならない時もある」。天眼にも、その覚悟が自然に定まった。

それは、義のためであれば、負け戦と知りつつも、戦うべき時には戦うという覚悟である。その姿勢は東北諸藩のすべての藩士たちから学んだ。天眼は彼らを「殉難士」と呼ぶ。「境遇、因縁が薩長土肥を敵とする成り行きとなった殉難士たちは、その運命を甘受し、どれほど苦境に陥ろうと、みすみす兜を脱いで我が身の安全を図ることはできなかった。その犠牲の碧《あお》い血は、とこしえに美しい」と称え、その精神を受け継ぐ必要性を説く。「天命を悟り、犬死を承知で犬死する者たちがいてこそ、道義の根が涵養《かんよう》されるのだ。世の中の皆が皆、利害打算の処世泳ぎにうつつを抜かしたなら、国家は崩壊してしまうではないか」。

義に忠実に、利害打算抜きで生きる人間がいてこそ社会は成り立つ。自分はそんな人間になろう。戊辰の義士たちの苦闘を知るにつれ、人生の進むべき道が見えてきた。

日下義雄の書生となる

12歳で福島県石川郡役所の給仕となり、１８８０（明治13）年、13歳で上京した。東京では会津出身の浅草警察署長、赤羽友春を頼り、赤羽宅に寄宿しながら、浅草署の給仕として働く。そこへ、同じく会津出身の日下《くさか》義雄《よしお》がイギリスから帰国して来た。赤羽の紹介で天眼は日下の書生となる。これが生涯の大恩人、日下義雄との出会いであった。

日下義雄は１８５１（嘉永４）年、会津藩侍医の子として生まれた。本名は石田五助。鳥羽伏見の戦いに加わり、箱館戦争まで戦い続けた。弟の石田和助は白虎隊として会津・飯盛山で自刃している。維新後の１８７０（明治３）年、五助は大阪造幣寮頭、井上馨の書生となり、井上は五助を大阪英語学校に通わせた。この頃、名前を石田五助から日下義雄に改めた。翌71年、岩倉使節団の船に便乗してアメリカに渡り、独自に勉学に励んだ後、74年に帰国。大蔵省勤務を始めたが、2年後に政府から井上馨に欧州派遣命令が出され、日下も同行した。向学心に燃える日下はイギリスで統計学、経済学を勉強し、80年に帰国した。天眼を書生として引き受けたのはこの頃だ。日下は書生を懇切丁寧に指導した。同時に生活や勉学の態度については厳格であった。日下の薫陶を受けて天眼は急速に成長した。

東京大学予備門を退学

1883（明治16）年9月、天眼は東京大学の準備教育機関である大学予備門に入学した。成績優秀だったが、突然、退学してしまう。理由は規則に縛られた学校生活を嫌ったことや、教育内容に不満を覚えたことらしい。「学校という所に入ってみたが、規則ばかりで性に合わない。それに古臭い学問ばかりで人間が駄目になる。俺は学校に向かん。俺はこんな所を飛び出して、本当の学問を見つけるのだ」。天眼は友人たちにそう息巻くようになり、とうとう本当に飛び出した。批判精神旺盛な天眼少年には、型にはまった学校の授業を受けることが耐えられなかったようである。当時の立身出世を目指す若者の多くが大学予備門から東京大学（後の東京帝国大学）に進み、官僚になる道を選んだのに比べ、せっかく入った予備門をあっさり退学して立身出世に背を向けた天眼は、並外れた反骨精神の持ち主だったと言えよう。

興味深いのは、高等教育を受ける機会を自ら捨てたにもかかわらず、10代後半のこの時期に、天眼が学問のさまざまな分野に興味を持ち、いずれも独学で基礎から猛烈に勉強していることである。それは、後に彼が書いた膨大な論説を読めば明らかだ。博覧強記だが、単なる物知りではない。数学、物理学、化学、哲学、歴史、経済学など幅広い分野で、基礎から語り始めて、体系的に全体を俯瞰してみせることができる。学問の方法を身に付けているのだ。だから天眼の論説には説得力がある。専門書一冊を入手することすら容易ではなかった明治前半の青年に、なぜ、そのような独学が可能になったのか。驚きである。

予備門退学後、天眼は独自の「活学」を提唱、予備門や大学の保守的な校風、学風を批判し、青年に「活きた学問」を身に付けるよう呼びかける著作を意欲的に発表していく。

初の著作発表、同時に結核発病

「後世畏《おそ》るべき青年なり」。無名の若者の著作を読んで、あの谷干城《たてき》将軍夫妻が、まだ見ぬ著者をこう激賞したという。谷干城は陸軍軍人で、西南戦争では熊本城攻防戦で政府軍の指揮を執り、第一次伊藤博文内閣で初代農商務大臣を務めた。その百戦錬磨の将軍が手放しでほめたという記事が、犬養毅、尾崎行雄が所属する朝野新聞に掲載されると、いやがおうにも、著者に世間の注目が集まった。その著者とは鈴木天眼。1888(明治21)年1月、まだ20歳の時に刊行した初の著作『独尊子《どくそんし》』が谷夫妻の目に留まったのだ。おかげで販売部数は「数万部」に達したというから、今で言うベストセラーになったのである。一躍、若き天眼の文名が上がった。

『独尊子』は、独尊子を名乗る天眼自身と思われる青年が、東京の街を歩きながら思索をめぐらせ、政治、世相など20のテーマについて鋭い批評を加えるという構成になっている。天眼は緒言で「この書で私は、日本社会がこのままでは滅亡すると考える理由を示す。名ばかりの文明に酔い、天下の大計を忘れて無為に過ごす者たちの軽薄な態度を挫くと共に、哲学の原理を説き、独尊自重の大道を明らかにして、世の人々の覚醒を求めたい」と謳《うた》う。明治の青年らしい気概あふれる文章だ。

「東奥に一士あり。天眼子と言う」で始まる16頁に及ぶ毛筆の序文は「東海散士」、すなわち元会津藩士、柴四朗が書いている。柴は西南戦争での活躍で谷干城に見出され、出世の糸口をつかんだ人物だから、谷が無名の天眼の著作『独尊子』を目にする機会を得たのは、柴の紹介があったからかも知れない。天眼の主張に共鳴した柴は、『独尊子』の序文執筆から5年後に自身でも、小国が独立を守るためには格別の気概が必要と強調する著作『佳人之奇遇』を発表する。

人生最初の著書の執筆が完了し、いざ出版という段になって、この20歳の青年の人生に重くのしかかることになる出来事が起きた。初めての喀血。結核を発病したのだ。「せっかく書き上げた原稿が、このまま日の目を見ずに埋もれてしまうのか」。天眼は愕然とした。原稿を出版に漕ぎ付けるためには、まだ多くの仕事が残っている。途方に暮れる天眼に、友人４人が協力を申し出た。「心配するな。あとは我々に任せてくれ。必ず、出版を実現してみせるよ」。おかげで年明けには予定通り、出版できた。

『独尊子』で文名が高まった天眼に、思いがけない重要な仕事が回ってきた。自由党の機関紙、公論新報の主筆を任されたのだ。いきさつはこうだ。１８８７（明治20）年12月25日、政府は自由民権運動を弾圧するために突然、保安条例を制定して、星亨、中江兆民、尾崎行雄など民権派約５７０人を東京から追放した。さらに星亨は翌年に出版条例違反で投獄されたために、87年11月に創刊したばかりで星が主筆を務めていた公論新報の発行が危機に瀕した。このとき後を託されたのが天眼だ。まだ20歳。民権派の理論の支柱となる機関紙を任されたのだから、この若き論客がいかに高く評価されていたかが分かるだろう。

金玉均救出の檄文で処罰さる

「小笠原諸島に幽閉中の金玉均《キムオッキュン》の健康が悪化している。救出に力を貸してほしい」。１８８８（明治21）年、公論新報主筆、鈴木天眼の下へ舞い込んだ手紙の主は玄洋社の来島恒喜《くるしまつねき》と的野半介《まとのはんすけ》だった。発信地は小笠原。朝鮮開化派の指導者で日本亡命中の金玉均が、日本政府によって小笠原諸島に流されて2年になる。その非情の措置に世論の怒りが高まっていることは知っている。しかし、来島と的野が小笠原現地から救出を呼びかけてくるとは意外だ。一体、どうした。天眼はむさぼるように手紙を読んだ。

金玉均ら朝鮮開化派は１８８４（明治17）年、閔《ミン》氏政権の専制政治を打倒しようとクーデターを起こしたが、閔氏政権を支える清国の出兵で鎮圧され、失敗。金らは日本に亡命する事態となった。甲申事変である。日本政府は金玉均を支援していたにもかかわらず、クーデター失敗で開化派が力を失ったと見るや、対清関係に配慮して亡命中の金を冷遇するようになる。1886（明治19）年には金を小笠原諸島に流し、事実上の幽閉状態に置いた。政府のこの態度に世論の批判は高まるばかりだ。来島恒喜と的野半介は小笠原に渡り、金と会って語り合ううちに、その人柄、識見に感銘を受け、ぜひ自分たちの手で、この境遇から救い出したい、と思い詰めるに至った。それには全国の人々に救出資金を賄う義援金の提供を呼びかける檄文が必要で、それをぜひ天眼に書いてほしい、との依頼が手紙の趣旨だった。

「直情径行のあいつ等らしいな」。天眼は来島、的野の顔を思い出しながら苦笑したが、そのときにはもう天眼自身、彼らの熱に侵されていた。「よし、今すぐ書こう」。一気に檄文を書き上げた。金玉均の苦境を記し、「金の病状が思わしくない。速やかに島より脱出させ、自由の天地、米国に亡命させて十分な医療を受けさせたい。そのための義援金を寄せてほしい」と呼びかけ、「金玉均が日本で非命に斃《たお》れる不幸があってはならない」と強調した。

早速、印刷に回した。ところが、これが無届け印刷との嫌疑で検挙された。天眼から見れば、理由にならない理由であったが、東京の鍛冶橋監獄に二晩、勾留されたあげく、罰金刑に処せられた。当局の厳しい弾圧姿勢を見せつけられたが、ひるむことはなかった。

長期投獄で健康悪化

政府批判を続ける公論新報主筆として政府に睨まれている上に、政府の外交政策に反する金玉均救出運動に公然と参加したことで、天眼に対する当局の監視は一層厳しくなった。そして、さらなる過酷な弾圧を受けることになる。ただし、天眼自身の文章に対してではない。日本政府批判を含む米国新聞記事を、天眼が公論新報に転載したとの理由である。

1888（明治21）年、米紙ニューヨーク・ヘラルドの大隈重信外相批判の記事を公論新報に翻訳転載した。それだけのことで天眼は投獄された。単なる米紙記事転載を咎め立てするような言論弾圧は、天眼の予想を超えていた。「政府の気に入らなければ、罪もないのに処罰されてしまうのか。許されん」と天眼は怒った。投獄先は石川島監獄のようだ。今度は長期収容だった。結核を発症している天眼は、長期の獄中生活に耐えられる体ではない。8か月に及ぶ拘禁から解放されたときには結核を重症化させ、衰弱し切っていた。

出獄した天眼にとって、転地療養が急務となった。気候温暖な土地で、少しでも病気の進行を抑え、体力を回復させなければならない。そこで頼ろうと決めたのが、当時、長崎県知事に就任していた郷里福島の恩人、日下義雄だ。長崎なら療養ができそうだ。日下のいる長崎へ行こう。天眼はそう決心した。

長崎県知事公舎で療養生活

「おう、よく来たな。待っていたぞ」。1888（明治21）年、長崎県知事公舎に姿を見せた天眼を、初代長崎県知事、日下義雄は大きな声で出迎えた。「筆禍事件で長いこと投獄され、健康状態が悪化したので、長崎で療養させてほしい」との天眼からの手紙を受け取った時、心配を募らせた日下は「すぐ来い」と返信を出した。以来、息子のように可愛がっていた天眼の到着を、今か今かと待っていたのだ。ようやく現れた天眼の顔色は非常に悪く、やせ衰えている。だが、眼光は変わらず鋭く、闘志を失ってはいない。「これなら大丈夫だ」と日下は安心した。「いつまでも、ここにいてよいから、まずは、しっかり体力を回復させなさい。焦ることはない。人生、先は長いぞ」。書生の頃の天眼を諭《さと》すような口調に戻った日下は、妻、可明子に「栄養のある物を食べさせてやってくれ」と指示して、あわただしく県庁へ出かけた。こうして県知事公舎での寄宿生活が始まった。

福島から13歳で上京した天眼を日下は書生として迎え、勉学の機会を与えてくれた。天眼にとって、日下は師であると同時に父のような存在だった。いったん社会に出たものの、こうして身も心も傷付き、行き場を失った自分を、日下は再び、快く迎え入れ、安息の場を与えてくれた。「この世に、いつでも頼れる人がいる」と思うだけで、天眼は心の底から安心を覚えた。

日下はこの2年前、1886（明治19）年2月に長崎県令に着任した。当時35歳。全国最年少の県令となった。着任5か月後の7月、地方官官制施行に伴って初代長崎県知事となる。その翌月、大変な事件が持ち上がった。長崎の街を騒乱状態に陥れ、国際問題に発展した清国水兵暴動事件である。長崎に上陸した清国北洋艦隊の水兵がトラブルを起こし、警官隊と衝突して市街戦さながらの流血の事態に発展した。双方に多数の死傷者が出て、深刻な外交問題になったが、日下知事は伊藤博文首相と緊密に連絡を取りながら、清国領事と粘り強く交渉を続け、互いに見舞金を出し合う方法によって解決に導いた。日下の忍耐強く冷静な手腕が光った。

日下知事の業績で今も長崎市民がその恩恵に浴しているのが、近代的水道を建設し、市民に安全な水を供給できる体制を整備したことだ。外国船が出入りする長崎は頻繁にコレラの流行に見舞われていた。感染拡大の原因は劣悪な水事情にあった。この状況を改善するために、日下は近代的水道建設に踏み切る決心をしたが、巨額の建設費が住民負担として押し付けられることを懸念した市民が建設反対の声を上げ、賛成、反対で市を二分する論争へ発展した。ここでも日下は、粘り強く合意形成を図る努力を重ねて成功。日下離任後の１８９１(明治24)年、長崎本河内高部ダムが完成した。近代的水道は横浜、函館に続いて３番目だが、ダム式の水道施設としては我が国初である。日下を近代長崎の礎を築いた人物と称して間違いない。

親友、井深彦三郎の励ましで元気に

「おい、天眼君、大丈夫か」。井深《いぶか》彦三郎が心配そうに声をかけながら、ふすまを開くと、そこに天眼が伏していた。顔は青ざめ、土気色である。体はやせ細って、骨と皮だけにしか見えない。明日をも知れぬ重病人の姿である。思わず井深の目から涙があふれた。「天はなんと無情であることか。こんないい奴を、こんな目に遭わせるなんて」。井深は言葉を失ったまま泣き続けた。

井深は中国から帰国したばかりである。会津出身で大陸問題に関心の強かった井深は、荒尾精が大陸経綸の志を抱いて1886（明治19）年に開いた漢口楽善堂に馳せ参じて、共に活動を続けてきた。天眼が公論新報主筆として制作した新聞の内容が当局に咎められ、石川島の監獄に投じられたとの知らせを聞き、「言論は男子の一大事業だから、いわれなき筆禍で捕囚となるのも覚悟の上だろう。ただ天眼は体が弱く、喀血して治ってもいないのだ。過酷な監獄生活に耐えられるだろうか」と心配し続けた。そこへ、荒尾が日清貿易研究所の設立計画を打ち上げたため、その実現方法を模索する役目を負って帰国する機会が訪れたので、真っ先に長崎の天眼の下へ駆け付けたというわけだ。ようやく会えた天眼は、やはり衰弱し切っていた。井深は「いつか天下が君を必要とする時が来る。それまで辛抱して、養生に努めてくれ」と励ますのがやっとだった。

それから1年後、再び帰国した井深は、またも真っ先に長崎を訪れた。ところが、今度は天眼の方から井深の宿にやって来た。見違えるように元気だ。まだ体は思うように動かず、姿勢も定まらないが、声に張りがある。天眼が着物を脱いで灸の跡を見せた。60日間続けて灸の施術を受け、効き目があったという。それを聞いて、井深も喜んだ。「ところで長崎の印象はどうだい？」と井深が問うと、天眼は笑いながら黙って懐から一冊の本を取り出した。それは『新々長崎土産』と題した天眼の著作の初版本で、１８８９（明治22）年10月に刊行している。聞けば、療養中に長崎の街を散策しながら、長崎の歴史や文化、経済、風俗などを研究、観察し、感じたこと、考えたことをまとめて書いたという。「長崎は過去の遺産に安住してはならず、新しい時代に即した努力をしなければ今後の繁栄は難しい」など地域振興の提言もある。売れ行き好調で、増補改訂版を出すことになった。

「そこで君に、あとがきを書いてほしいんだ」というのが天眼の頼みである。「いいとも」。井深が二つ返事で引き受けたのは言うまでもない。以上の経過を書き込んだあとがきを仕上げ、天眼に届けに来た。その内容を井深は嬉しそうに説明する。天眼は良き友を持った。

長崎での2年間の療養生活で、元気になって気迫も蘇った。世話になった日下も1889年12月に知事を退任して長崎を去った。『新々長崎土産・増補改訂版』も翌年2月に出た。天眼も、そろそろ東京に帰るときである。

二六新報の主筆となる

秋山定輔《ていすけ》という野心的な青年がいた。東京帝国大学を卒業し、自分で新聞社を興して、その力で藩閥政治を打倒しようと考えた。秋山自身は経営に専念するつもりで、記事や論説を書く方は、誰か筆の立つ人物を探して主筆に据えようと計画した。秋山には意中の人物がいた。最近とみに評判の高い鈴木天眼という青年論客だ。福島・二本松の出身で藩閥打倒の志は人一倍、強い。しかも文才がある。

天眼の著作『独尊子』などを読み、「主筆に迎えるのはこの人しかいない」と思い決めた。この時点で秋山は、鈴木天眼が東京大学予備門で共に学んだ鈴木力であることを、まだ知らない。秋山が鈴木天眼の下宿を探し当て、部屋に通されて初めて、眼前の「鈴木天眼」が旧知の鈴木力であることに気付いた。そうと分かれば話は早かった。互いに手を握って再会を喜び合い、新聞創刊に向けての夢を語り合った。

こうして、社長秋山、主筆天眼の体制で１８９３（明治26）年10月、二六《にろく》新報が誕生した。二六新報という名前は、一日中という意味の「二六時中」（四六時中と同じ意味）に掛けたものだが、「明治26年の創刊だから」「秋山が26歳だから」などの意味も含むらしい。

主筆を任された天眼の活躍は目覚ましかった。最初に取り組んだのが、同年11月の金権政治家、星亨に対する弾劾キャンペーンだ。星は前年に衆議院議員に初当選後、すぐに衆議院議長に就任するなど剛腕ぶりが際立っていた。この飛ぶ鳥を落とす勢いの実力者に、出来立てほやほやの新聞の若き主筆が、筆一本で戦いを挑んだのだ。天眼は連日、星亨の腐敗ぶりを書き立てた。議会でも星亨追放の動きが強まった。その中心的役割を果たしたのが福島・二本松出身で、福島県議会議長を経て衆議院議員になった安部井磐根だ。議会の重鎮、安部井が星亨追放の声を上げた影響は大きかった。安部井は頻繁に二六新報社を訪れ、天眼と作戦を練った。「安部井先生、議会で大いに星を懲らしめてください。私が新聞で応援します」と天眼が訴えると、安部井は「天眼君、君のような優れた論客が今このときに、新聞という舞台にいてくれて本当によかったよ。大いに健筆を揮ってくれたまえ」と激励した。

弾劾の声の高まりを受けて、星亨議長不信任案が可決された。星はこれを無視して登院を続けたため、ついに12月、議会から除名された。鈴木天眼、安部井磐根の二本松出身コンビの奮闘で、政界の実力者が一気に転落したのである。天眼主筆の滑り出しは上々だった。

天佑侠

二六新報主筆として華々しく言論界に登場した天眼だったが、ここで過激な直接行動に身を投じることになる。日本の壮士団が朝鮮半島に乗り込み、現地農民軍と連携しながら、腐敗し切った朝鮮王朝の閔氏政権を打倒する。同時に日清両国を開戦に導いて、閔氏政権を背後で操る清国の影響力を朝鮮半島から一掃する。そんな壮大な計画に加わったのだ。病身を押して決死の覚悟で臨んだ行動であった。

１８９４（明治27）年2月、朝鮮で、東学という宗教組織に指導された大規模な農民暴動、「甲午農民戦争」（東学党の乱）が勃発した。朝鮮王朝の封建支配の打破を目標に掲げていた。この暴動を朝鮮の政治改革、日清開戦誘発の好機として注目したのが、釜山に集結していた日本人壮士の一団だ。義勇軍を組織し、農民軍と共に朝鮮政府軍と戦おうと考えた。そこで釜山で法律事務所を開いていた大崎正吉が代表して日本に帰り、人と資金を集めることになった。大崎が頼ったのが鈴木天眼だ。6月15日、東京の二六新報社を訪ね、主筆の天眼に「この好機を逃すべきでない。ぜひ力を貸してほしい」と頼んだ。天眼は二つ返事で引き受け、「玄洋社の頭山満《とうやまみつる》先生に相談してみよう」と答えた。天眼が連絡を取ると、頭山は快諾した。その返事を大崎に伝えた後、今度は天眼の方が頼んだ。「その義挙には、この私も参加させてほしい」。こうして二六新報主筆のまま、天眼は朝鮮での直接行動に飛び込んだ。

6月27日、鈴木天眼、武田範之、吉倉汪聖、内田良平ら14人が釜山に集結、東学党の本拠地を目指し、朝鮮半島を西に向かって歩き始めた。一行は組織の名称を「天佑侠《てんゆうきょう》」と決めた。「天佑」とは「天の助け」、「侠」は「男気。自分を顧みず、弱い者を助けること」。彼らの高揚した気分をよく表していた。

一行は山を越え、谷を越え、悪戦苦闘しながら西進した。この間に情勢は大きく変化した。農民暴動を抑え込めないと判断した朝鮮政府は、清国に援軍派遣を要請した。これを見た日本政府は対抗措置として直ちに日本軍を派遣、朝鮮半島で日清両軍が対峙するという緊張状態が生まれた。さらに日本軍進出に驚いた朝鮮政府は、日本の出兵の口実を無くすために急遽、農民軍の要求を全面的に受け入れ、和約を結んだ。この結果、東学党は農民軍を解散させ、動乱は収束に向かった。これでは日清開戦の糸口が失われる。そう危惧した天佑侠一行は、ともかくも東学党幹部と面会し、闘争継続を説得する方針を固めた。

東学党指導者、全琫準に感服

7月、全州にたどり着き、ついに全琫準《チョンポンジュン》ら東学党幹部との面会が実現した。天眼は幹部らの堂々とした態度、特に最高指導者、全琫準の偉容に感服した。背を真っすぐ伸ばし、痩せて神経質らしい顔だが、眼光は鋭く炯々《けいけい》と輝いている。話し始めると、朝鮮政府の腐敗や民衆を搾取する特権身分階級、両班《やんばん》の横暴を激しく糾弾し、虐げられた民衆の怒り、苦しみを、声を震わせ、涙を流しながら語り続けて、語り尽きることがない。激情がほとばしり、威厳に満ちている。天眼は心を揺さぶられた。「素晴らしい指導者だ。こんな人物が朝鮮にいたのか。今日のこの光景は一生、忘れることがないであろう」。

天眼は早速、全琫準に対して、再び農民軍を率いて朝鮮政府との戦いに決起すべきこと、朝鮮政府だけでなく清国軍とも戦うべきであることを、諄々と説いた。これに対し、全琫準は既に朝鮮政府との戦いに再決起する準備を進めていることを打ち明けた。清国軍と戦う予定はなかったが、天眼の説得にうなずき、新たに清国軍も相手に戦いの狼煙を上げることに同意した。天佑侠にとって大きな成果だ。これで、はるばる東学党幹部に会いに来た甲斐があった。天眼は全琫準と将来にわたって「生死の友となる」と誓い合って、その場を辞した。朝鮮にアジア発展の夢を共有する盟友を得たのだ。天眼は大いなる満足感に浸った。

ところが、そこで状況が激変した。会見翌月の8月1日、日清戦争が勃発したのだ。朝鮮で戦乱を起こし日清開戦に導く、という天佑侠の目的は、まだ何もしないうちに実現してしまった。農民軍の朝鮮政府との戦いも棚上げだろう。もはや天佑侠の出る幕はない。これからどうするか。それを模索するために天眼が一人、僧に扮装して京城に潜入、日本陸軍参謀の上原勇作に密かに会った。天眼が

「他にお頼みはない。どうか、我らに死に場所をお教え願いたい」と言うと、上原は了解し、退却する清国軍を追跡して状況を陸軍に報告する偵察任務を与えた。そこで天佑侠は清国軍を追って京城から春川、狼川へと進んだ。この頃には全員、疲労困憊しており、病気、けがで動けなくなって一人また一人と離脱し、帰国の道を選んでいく。間もなく天佑侠は現地で自然消滅した。天眼と内田良平、大原義剛の３人は仁川から長崎行きの船に乗り、９月上旬、長崎港に着いた。勇んで出国してから２か月半後のことだった。３人は別行動を取り、天眼は官憲の目をくらませるために長崎に潜んだ後、福岡で玄洋社の平岡浩太郎、熊本で大陸浪人、宮崎滔天《とうてん》の世話になりながら東京に戻り、二六新報主筆に復帰した。

一方、全琫準は天眼との約束通り、第二次蜂起を決行するが、翌年、捕われ、刑死した。全は刑場に向かう時、終始、毅然とした態度を守り、その姿が現地日本人にも感銘を与えたという。天眼は、彼らこそが朝鮮の明日を担うべき人材であったと悔やむ。彼らに政治を委ねれば、腐敗し切った王朝政治の根を断ち切り、きっと善政が行われたはずである。ところが、日本政府は東学党を弾圧する朝鮮政府の側に付いた。「日本人は朝鮮のことを何も分かっていない」と天眼は憤った。見よ、日清戦争後、朝鮮は再び、「貪官汚吏」、すなわち腐敗した役人の天下となっているではないか。元の木阿弥だ。朝鮮新生の芽が摘まれた。その責任の一端は日本政府にある。天眼は日本政府のアジア外交を批判的に見るようになった。

閔妃暗殺の卑劣手段を憎む

日本人の壮士団が朝鮮に乗り込み直接行動に及んだ天佑侠に、初め天眼は勇んで参加した。だが、2か月半後に帰国したとき、天眼の胸中からはもう、他国における日本人の暴力行使を容認する思想は消えていた。それを示す事実がある。帰国から1年後に起きた日本人集団による閔妃《ミンビ》暗殺事件に、天佑侠の主要メンバーが参加しているのに、天眼は参加していないことだ。病気や仕事が理由で、たまたま参加しなかったのではあるまい。そのような行動に反対し、強い意志で参加を拒絶したと見られるのだ。なぜなら、後に事件について「苦々しき遣《や》り口なり」と暴力への嫌悪感を書き記しているからだ。

日清戦争が終わって半年後の１８９５（明治28）年10月に起きた朝鮮王妃・閔妃の暗殺事件とは、日本の朝鮮公使に着任したばかりの三浦梧楼が、日本軍兵士や日本から連れて来た対外硬の壮士らを指揮して朝鮮王宮に突入させ、閔妃を探しながら王宮関係者を多数殺害した事件だ。この計画に、武田範之、大崎正吉など天佑侠の主要メンバーが参加していた。突入時、日本側の誰一人、閔妃の顔を知らなかったため、まず優美な服装をした女性たちを手当たり次第に殺害し、後から遺体を検分して、ようやく閔妃の死亡を確認した、という乱暴極まりない凶行だった。閔妃の遺体は絨毯《じゅうたん》に包《くる》んで王宮の外に持ち出して焼却した。

三浦は襲撃を、閔妃と対立していた大院君のクーデターに偽装する計画だったが、現場をアメリカ人やロシア人に目撃され、その凄惨な手口、凶暴な虐殺の全容が世界に知られてしまった。国際世論は、日本が親露派の閔妃を抹殺するために仕組んだ国家犯罪と見なし、批判が巻き起こった。だが、日本政府は関与を否定したため、対応に苦慮した朝鮮政府は無実の朝鮮人を主犯にでっち上げて死刑に処し、収拾を図った。三浦梧楼ら日本側関係者は日本で裁判に掛けられたが、全員、無罪になった。三浦梧楼の指揮下にあった日本人壮士の人選、募集には玄洋社の頭山満が協力していた。日本に帰国して無罪放免となった三浦を、頭山は「本気でやるなら、今度はやるだろうと思った」と称賛しながら出迎えている。

この蛮行を対外硬の志士たちはこぞって称賛したが、天眼は反対に「苦々しき遣り口なり」と嫌悪感を募らせた。まず大勢の男が徒党を組んで襲撃に臨むなど「弱虫」の仕業であり、「武道に反する」と切り捨てる。秦の始皇帝暗殺を企て、たった一人で警戒厳重な王宮に乗り込んだ荊軻《けいか》を見よ。結果は失敗だったが、その勇気は見上げたものだ。それに比べ、「群を恃《たの》んで暴力をふるうのは弱虫の常套手段」で卑怯千万。あれだけ豪傑気取りの壮士が顔をそろえながら、日本には、ただ一人の荊軻もいなかったのか。情けない。

もう一つ、重大な理由がある。力づくで他国の政治を動かそうとする日本人の姿勢が間違っている。「無限の慈悲心」を根本に持って接しなければ、異民族との融和などできるわけがない。そう考える天眼から見て、閔妃暗殺事件は目的も手段も「苦々しい」ものだった。

天眼は天佑侠の一員として、朝鮮現地で東学党指導者や農民軍兵士たちと交流する過程で、朝鮮のことは朝鮮の人々に任せるべきだ、と思うようになった。その思いが、閔妃暗殺事件への痛烈な批判に結び付いたのかも知れない。いずれにしろ、かつて暴力を容認しつつ朝鮮に乗り込んだ無邪気な国家主義者、鈴木天眼は、もうどこにもいなかったのだ。

二六新報休刊

話は半年前に戻る。１８９５年（明治28）年４月、日清戦争に日本が勝利して結ばれた日清講和条約（下関条約）で、清国が遼東半島を日本に割譲することになったが、これにロシア、ドイツ、フランスが異議を唱える三国干渉が起きた。伊藤博文内閣がこの横やりを受け入れると、世論は「臥薪嘗胆」を合言葉に三国の横暴への怒りを募らせ、日本政府の対応を弱腰と批判した。天佑侠で渡った朝鮮から帰国して二六新報主筆の仕事に復帰していた天眼も、政府批判の「筆戦」に精を出したため、二六新報は再三、発行停止処分を受けた。

その頃、二六新報の経営が傾き始めた。原因は社長、秋山定輔の経営能力不足だった。運転資金の調達ができない。それを乗り切るため、社員たちは必死に頑張った。新聞用紙がなければ皆で用紙代の工面に奔走し、郵送費用がなければ、また奔走した。印刷機械はガスエンジンで動かすが、ガス代が払えず、ガスが止められた時は「編集総出で印刷機械を一晩中、手回しで動かして印刷した」。経営行き詰まりで憔悴しきった秋山を見て、天眼が励ました。「おい、もう心配するな、月給が払えないで誰一人いなくなっても、俺一人で書くだけ書くから、心配するな」。約束通り、天眼は無給で書きまくった。秋山は頭の下がる思いで、それを見ていた。

天眼ら社員の頑張りにもかかわらず、二六新報は同年6月、ついに休刊に追い込まれる。天眼、秋山が組んだ（第1次）二六新報は2年足らずで幕を閉じた。秋山は5年後、単独で（第2次）二六新報を再刊、今度は部数を伸ばして経営的に成功する。その安易な経営姿勢に天眼が長崎から厳しい批判を加えることになるが、それはまだ先の話である。

伊藤博文に睨まれる

「俺は伊藤博文公に睨まれている。この先、東京で自由な言論活動を続けるのは無理かもしれない」。天眼はそう思い始めていた。二六新報が休刊になり、言論人として新たに生きる道を模索し始めた天眼。だが、どこへ行っても当局の監視の目が光り、新聞、雑誌、何をやっても弾圧を受けそうな気がする。伊藤博文首相のせいだ。天眼の苦悩が続いた。

天眼と伊藤の確執は、天佑侠での日本出国で極まった。二六新報主筆として激しい政府批判を繰り広げる天眼に手を焼いた伊藤は、天眼を懐柔するために、東京日日新聞の主筆に迎えたい、と誘いをかけてきた。東京日日新聞は大手の有名新聞だが、常に政府寄りの御用新聞だ。同社の人事に影響力を持つ伊藤は大新聞の主筆というポストをえさに天眼を釣り上げて、牙を抜く計画だった。もちろん天眼には、そのような誘いに乗る気は毛頭なかった。ただ、天佑侠に参加するために急いで日本を出国する必要に迫られていた。外を見れば、政府の密偵が始終、天眼を見張っている。これでは身動きが取れない。窮余の策として、天眼は誘いを受けると、うその返事を伊藤に送った。すると監視が緩んだ。その隙を突いて、天眼は「脱兎のごとく」東京を飛び出し、仲間と共に朝鮮入りを果たした。天眼に一杯食わされたことを知った伊藤は激怒し、「天眼を国事犯として逮捕せよ」とまで口走ったらしい。

以上は、30年後の1924（大正13）年8月25日付の東洋日の出新聞紙齢7千号記念特集「七千号を顧みて—思い出すままに」の記事で、社員の宇都宮流水が披露した話である。記事は主筆の天眼が精読して掲載したものだから、実質的に天眼自身の回顧談とみなしてよいだろう。宇都宮は「鈴木社長が好餌に釣られたと見せかけたのは、政府側の警戒を解くための方便であった。釣ったと思った伊藤公は、あべこべに釣られたのであった」と、もう昔の話と思って愉快そうに書くが、当時、渦中にあって、国の最高権力者と正面衝突した天眼は深刻な思いだったろう。

二六新報休刊で新聞という発表の場を失った天眼は、個人で著作を発表して主張を世に問う道を模索したが、やはり、新聞への思いが募る。だが、東京の環境は厳しい。言論で社会に貢献したいが、その言論活動は事あるごとに政府の弾圧で阻まれる。思う存分、書ける場がほしい。そこから日本の針路を指し示してみたい。東京を離れて新天地を求めよう。「臥薪の地」として目指すは、かつて療養で滞在し、自分に生きる力を与えてくれた、あの長崎である。長崎に再起を賭ける。そう決意した天眼は伊勢神宮に参拝して、和歌を詠んだ。

〈世を傷《いた》み泪《なみだ》はとくに尽きぬるを　なお嘆けとや山ほととぎす〉

失意の日々と決別する一首を万朝報《よろずちょうほう》に投稿して、天眼は決然と旅立った。

西郷四郎の軌跡

ここで、天眼の右腕となって東洋日の出新聞を支えることになる西郷四郎に登場してもらうことにしよう。福島・会津出身で講道館四天王の一人として名を轟かせたこの柔道家も、時代と格闘し、人生に煩悶しながら、見えない糸に導かれるようにして長崎へ向かう一筋の道を歩んでいた。

東洋日の出新聞には、西郷の生い立ちや青年時代の活躍について触れた記事はない。そこで、牧野登著『史伝西郷四郎』に依拠して、長崎までの歩みを追ってみたい。

西郷四郎は慶応2（1866）年2月4日、会津藩士、志田貞二郎の三男、志田四郎として生まれた。天眼より一つ年上である。父、貞二郎は会津戦争で新政府軍と戦った後、越後国蒲原郡角嶋村（現在の新潟県）に移住。四郎は新潟の自然の中でたくましく育った。

1882（明治15）年3月、16歳で上京。8月には講道館に入門し、講道館柔道の創始者、嘉納治五郎の下で、住み込みで厳しい柔道修行に明け暮れた。猛烈な稽古を重ねて、急速に上達した四郎は、治五郎の代稽古を務めるまでになり、草創期の講道館を立派に支えた。

講道館入門から2年後、四郎は会津藩家老だった西郷頼母《たのも》（維新後は保科に改姓）に請われて養子になり、保科四郎となる。西郷頼母は幕末、会津藩主、松平容保の京都守護職就任に反対して諫言を続け、容保の怒りを買って家老職を解かれた人物。謹慎生活を送っていたが、戊辰戦争が始まると家老職復帰を命じられ、新政府軍を迎え撃った会津戦争では城外で戦いを指揮した。このとき、籠城していた妻子など西郷一族21人が自刃する悲劇に見舞われている。頼母は会津脱出後、箱館戦争に加わって捕えられ、維新後は日光東照宮禰宜などを務めた。会津を離れる際、長男の吉十郎を連れて逃げているが、その吉十郎が１８７９（明治12）年に22歳で病没していた。養子縁組から4年後の１８８８（明治21）年、四郎は頼母の改姓で途絶えていた西郷家を再興、西郷四郎を名乗る。22歳のときである。

話は戻る。講道館入門から4年後、四郎を一躍、有名にする出来事があった。

警視庁武術大会で、小柄な四郎が警視庁の大男を「山嵐」という大技で投げ飛ばし、その痛快な光景が大評判となったのだ。その後も四郎はこの大技で次々と大男を投げ飛ばし、拍手喝采を浴びる。おかげで講道館人気が急上昇、一気に入門者が増えた。四郎は講道館四天王の一人に数えられ、講道館の顔として柔道普及に貢献した。

そんな四郎に転機が訪れる。8年間に及ぶ講道館生活に終止符を打って、謎の出奔を遂げてしまうのだ。嘉納治五郎が宮内庁から1年間の欧州派遣辞令を受け、門弟1500人の指導を西郷ら高弟に託して洋行中のこと。1890（明治23）年6月、四郎は突然、講道館から姿を消した。周囲の者は誰もその理由を知らない。四郎24歳であった。

西郷四郎出奔から63年後の1953（昭和28）年、四郎の養子、西郷孝之（会津出身で初代長崎市長を務めた北原雅長の甥）が発表した『父西郷四郎を語る』によると、四郎は「支那渡航意見書」と嘉納への謝罪を綴った文書を講道館に残して去ったという。意見書は、今後は大陸問題で活動する決意を述べていた。講道館出奔は、西郷四郎が過去の栄光を捨て、新たな人生を踏み出そうとした瞬間だった。

鈴木天眼と西郷四郎、共に長崎へ

「西郷さん、無理を承知でお願いする。あなたの旅券を私に貸してもらえまいか」。訪ねて来た天眼が、いきなり、こう切り出すと、西郷は「いいですとも」と何も聞かずに了承し、即座に自分の旅券を取り出しきて天眼に手渡した。

１８９４（明治27）年６月、天眼が天佑俠で朝鮮へ渡る直前のことである。朝鮮農民軍に日本人壮士団が合流して共に朝鮮政府軍と戦うという途方もない計画への支援を求めてやって来た大崎正吉に、天眼は全面協力を約束しただけでなく、「自分も参加する」と告げていた。だがこのとき、天眼は旅券を持っていなかった。そこでやむをえず、西郷から旅券を借りようと考えたわけである。とはいえ、他人名義の旅券を使って渡航すれば、事実上の密航である。貸した方も罪に問われる。天眼の頼みとはいえ、旅券貸与は西郷にとって危険が大きい。にもかかわらず、発覚すれば処罰される危険な行為を、西郷が天眼のために躊躇なく実行するほどの同志的関係を、このとき既に築いていたことになる。長崎で一緒に東洋日の出新聞を創刊する8年前のことだ。

二人はいつ、どのようなきっかけで親しい間柄になったのか。東洋日の出新聞の天眼の記事では、長崎に来る前の二人の関係については旅券貸借の事実だけしか記述がない。天眼、西郷共に福島出身だから、東京に出れば同郷の仲間だ。何かの縁で親しくなったとしても不思議ではない。ただ、具体的経緯は分からない。『史伝西郷四郎』の著者、牧野登氏は、二人を結びつけたのは会津出身の井深彦三郎ではなかったかと見る。長崎で療養中の天眼を励まし続け、天眼の著書『新々長崎土産』のあとがきまで書いた親友だ。井深が同書を西郷に送り、それを読んだ西郷が、鈴木天眼という人物に関心を抱いたと牧野氏は推測する。井深は西郷と同い年で、血縁はないが従兄弟同士の関係にある。さらに井深は大陸問題に関心が強く、この点も天眼、西郷に共通する。井深が二人を結び付けた可能性は高そうだ。

鈴木天眼と西郷四郎。若くして栄光と挫折を味わった二人が出会い、同志の絆で結ばれた。「長崎で理想の新聞を作る」という天眼の志に、西郷は大いに共鳴し、直ちに同調したはずである。再び前へ進むときが来た。その舞台は長崎だ。

第2章　東洋日の出新聞創刊

九州日之出新聞から追放さる

「何だって？　創業者の社長で主筆の俺を新聞社から追放するというのか。それも利益を独占するために。浅ましい」。鈴木天眼は激怒した。1899（明治32）年12月4日に長崎で創刊した九州日之出新聞。東京から長崎に来た天眼が、地元の実業家らと組んで共同経営者になり、社長兼主筆の要職に就任した。それが2年も経たないうちに、天眼は経営陣から追放の憂き目にあった。理由は意外なものだった。予想外の業績好調で「新聞は儲《もう》かる」と分かった県外の実業家が乗っ取りを図ったのである。「新聞を金儲けの道具としか考えていないのか。何という人間だ。許し難い」。この時点で西郷四郎はまだ合流しておらず、天眼は信頼できる相談相手もなく、孤立感を深めた。

だが、すぐに冷静さを取り戻し、気持ちを改めた。「こんなことに負けるわけにはいかない。九州日之出新聞が乗っ取られてしまったなら、新たに新聞を興すまでだ。長崎で理想の新聞を自前で作る、初志貫徹だ」。直ちに再起を期して行動を起こした。新しい新聞の名前は東洋日の出新聞とすると真っ先に決めた。

東洋日の出新聞創刊へ

今度は、いよいよ西郷四郎が登場して来た。「天眼さん、とんだ災難に遭ったようですね。でも、気にすることはありませんぞ。我々の力で本物の新聞を作り、見返してやりましょう」。頼もしい。「さすが武道家、肚《はら》が据わっておるわい」と天眼が感心していると、さらにもう一人、遠方から肚の据わった武道家が馳せ参じて来た。台湾日日新報発行に参画していた福島熊次郎だ。埼玉・糖田の出身で、

4歳年上の西郷とは講道館で柔道の稽古に汗を流した仲である。武道家であり、新聞発行の志を持つという点で、福島は西郷とよく似ている。天眼とは5年前に知り合い、天下国家を論じるうちに意気投合し、共に新聞を興して日本の発展に貢献しようと誓い合った。天眼が乾坤一擲《けんこんいってき》の勝負に出ると聞いて、台湾を引き払い、長崎に駆け付けた。「天眼先生、ご安心なされ。もう誰にも邪魔はさせません。力を合わせて長崎一、いや日本一の新聞を作ってみせましょう」と野太い声で言う。西郷四郎と福島熊次郎。二人の猛者が豪快に笑う姿を見て、天眼も久しぶりに腹の底から笑った。

地元長崎からも強力な同志が加わった。文化、歴史の専門記者、丹羽翰山《かんざん》。天眼と共に九州日之出新聞に在籍していたが、天眼が理不尽に追放される姿を見て義憤に駆られ、自分も九州日之出の席を蹴って天眼の後を追ってきた。天眼より7歳年上の熊本・天草の生まれ。幼い頃から漢学を学び、多くの師に就いて研鑽を積んだ。16歳で長崎に移住、20歳のときから鎮西日報、長崎商報で記者として働き、九州日之出新聞創刊に際し、「編集及び理財担当」として招かれた。だが、天眼追放劇で九州日之出に見切りを付け、東洋日の出創刊に参画したというわけだ。長崎は文化、歴史の分野で新聞記事の題材が多く、深く豊富な知識を持つ専門記者の存在が不可欠だ。丹羽翰山は天眼の期待に応え、東洋日の出の文化面を一人で書きまくることになる。痩身で寡黙、派手なことは好まず、終日、記事執筆に没頭しているタイプである。同時に、当局に「筆禍」を咎められ投獄されても、出獄すれば何事もなかったように、また、さらさらと筆を走らせる硬骨漢でもあった。「丹羽先生、文化面はお任せしますよ」と天眼があいさつすると、丹羽は黙って静かに、しかし自信に満ちた表情で、うなずいた。多士済々、魅力的な同志が顔をそろえ、新しい新聞の創刊準備が一気に進んだ。

長崎から世界を見通す

１９０２（明治35）年１月１日、東洋日の出新聞創刊の日を迎えた。早朝から社員総出で創刊号を配達した。終わると、全員が法被姿で、元日で賑わう市中を練り歩き、長崎に新しい新聞が誕生したことを誇らしげに宣伝した。天眼は「創刊の辞」で、新しい新聞は「日本は言うまでもなく、東洋一円の人民が世界に立ち向かうときに必要な指針を明快に示す」と宣言。「東洋日の出」を名乗る理由を「日本及び東洋の進みつつある道を日々、読者の眼前に照らして、お見せしよう。我が日の出の光輝は、はるか遠く、世界のどこまでも届き、絶えることがない」と意気込みを述べた。気宇壮大である。特に論説に力を入れるとして、「西海の果てにありながら、世界を見通すような鋭く正確な論評記事を掲載していく」と約束した。「西海」、すなわち長崎から「世界を見通す」論説を書く。意気軒高である。

不偏不党を掲げたのも画期的な編集方針だった。当時の新聞は政党色を持っているのが一般的で、長崎の先行紙もそれぞれ政党色を鮮明にして競っていた。ここに不偏不党を掲げ、大所高所からの論評に徹する新聞が登場したのは、読者にとって新鮮だったが、特定の支持基盤を持たないことから経営は不安定になる。不偏不党の方針は、誰にも媚びへつらわないという宣言でもあるから、勢い、地方の既得権益層との軋轢《あつれき》も増える。そのリスクを天眼は恐れなかった。

長崎游泳協会

天眼は地域の発展や青少年健全育成に貢献するための新聞社事業にも力を入れた。その最たるものが、長崎游泳協会を設立し、長崎港ねずみ島に水泳鍛錬の道場を開いたことだ。

游泳協会は東洋日の出新聞社創刊の年の1902（明治35）年8月に設立。発足時の名称は瓊浦《けいほ》游泳協会だったが、1913（大正2）年に長崎游泳協会に名称変更した。ねずみ島水泳道場は協会発足翌年の1903年に開設。大勢の子どもたちが対岸から船に乗って通い、島は夏中、賑やかな歓声に包まれた。西郷四郎が水泳指導の先頭に立った。九州・有明海を横断する遠泳大会では、西郷が船に乗って引率の子どもたちを指揮し、全員の安全に目を配りながら、叱咤激励した。維新後、新潟で幼少期を過ごした西郷は阿賀野川で川遊びをしながら成長した。だから水泳も得意だったのだ。

游泳協会の夏の恒例行事、大名行列も人気を博した。子どもたちが立ち泳ぎをしながら、細川藩の大名行列が大井川を渡る光景を再現するもので、長崎游泳協会に改称された13年に始まった。子どもたちの可愛らしく一生懸命な姿に惜しみない拍手が送られ、長崎の夏の風物詩として定着した。

ねずみ島埋め立てで、水泳道場は１９７３（昭和48）年、長崎市民総合プールに移されたが、長崎游泳協会も大名行列も、今も変わらず継承されている。鈴木天眼、西郷四郎らが始めた意欲的な青少年育成事業が百年の歳月を超えて長崎市民に受け継がれているのである。偉大で驚異の事績と呼べるだろう。

西郷四郎、福島熊次郎は後に長崎市内に開いた道場で柔道も教えた。講道館の高弟が教えるとあって、こちらも人気を博したことは言うまでもない。

天眼の結婚

長崎一の格式を誇る諏訪神社。その秋の大祭は「くんち」と呼ばれ、１６３４（寛永11）年から続く伝統ある神事である。祭りは10月７日から３日間続き、初日に境内で捧げられる奉納踊りには、大勢の市民が見物に詰めかける。７年に一度巡って来る当番の踊り町がそれぞれ練習を重ねた龍踊や阿蘭陀船など趣向を凝らした豪華な演《だ》し物を披露すると、桟敷席の見物客から「モッテコーイ、モッテコーイ」とアンコールを求める掛け声が上がり、境内は祭りの熱狂に包まれる。奉納踊りが終わると、神輿を先頭に踊り町は市内に繰り出し、各地で演し物を披露、歓声に包まれる。くんちの３日間、長崎の街は祭り一色に染まる。

祭りが終わると神社境内に静寂が戻り、一気に秋が深まる。そんな一日、境内の一角の茶屋で一組の男女が、お諏訪さん名物の牡丹餅を食べていた。天眼と婚約者のタミだ。天眼が「うまいか」と優しく尋ねると、タミは恥じらいを含んだ笑顔でうなずく。可憐である。１８９９（明治32）年のこと。天眼32歳、タミ22

歳。東京から長崎に新天地を求めた天眼が、その年の12月に九州日之出新聞を創刊する準備を進めていた時期で、天眼は心機一転、この辺で身を固めようと思い、縁あってタミとの結婚が決まった。

広々とした境内をタミと歩く。タミは天眼に寄り添うように、少し後ろをそっとついてくる。愛おしい。タミは意外に芯の強い女性であった。結核の持病を抱える天眼はこの後、何度も重篤な病状に陥り、死線をさまようことになるが、タミは決して動じず、天眼を献身的に看病した。転地療養にも付き添った。天眼が結核という重い病気を抱えながらも、新聞を発行し続け、思う存分に天下国家を論じて59歳までの人生を全うできたのも、タミのおかげと言っていい。そんな波乱の運命が待ち受けているとも知らず、新しい人生への期待に胸を膨らませて歩く二人を、晩秋の穏やかな日差しが包んでいた。

第３章　日露戦争

開戦論を唱える

１９００（明治33）年、「扶清滅洋」を叫ぶ排外主義の反乱「義和団の乱」が拡大すると、清朝はこの反乱を支持して欧米列強に宣戦布告した。北清事変の始まりである。これに対し、日本やロシア、イギリス、アメリカ、フランスなど８か国は公使館員や居留民の救出のため、軍隊を送って北京を占領した。翌年の北京議定書で、清国は賠償金を支払い、列強は北京に軍隊を駐留させることになった。ところが、ロシアだけは北京に止まらず、満州に大軍を展開させたまま引き揚げようとしなかった。日本がロシアに強く撤兵を要求すると、ロシアは、しぶしぶと清国と満州還付条約を結び、1902（明治35）年10月から半年ごとに3期に分けて段階的に撤兵すると約束した。ところがロシアは、第1期撤兵は実行したものの、1903（明治36）年4月と同10月の2回の撤兵は実行せず、国際公約を反故にした。このロシアの態度に日本の世論は激高し、対露開戦を求める声が急速に高まった。

天眼は主戦論を唱えた。ロシアの公約反故は言語道断であることに加え、ロシアが朝鮮半島の支配を狙っていることは明白だ。そうなれば日本の独立まで脅かされる。融和的な態度でロシアの政策を変更させるのは不可能で、毅然として軍事的に対決していく以外に日本の取るべき選択肢はない。にもかかわらず、いつまでもロシアとの交渉に期待をかけて時間を費やす日本政府の弱腰は許し難い。こう主張して天眼は早期開戦の論陣を張った。「事ここに至ってはやむをえぬ。日本はロシアと一戦交えるしか道はない」。天眼は考えに考え抜いた末に、冷静に「開戦やむなし」の結論を導き出したのだ。熟慮の末の開戦論だった。

東大七博士の浅薄な開戦論は批判

ところが、天眼としては熟慮の末の開戦論だったのだが、どうも世間の受け止め方は違うらしい。かなり誤解されているようなのだ。街に出て読者に会うと、こんなことを言われる。「天眼先生はやっぱり国士でござるな。今朝の勇ましい論説に胸のすく思いがしました。私もロシアはけしからん、いっぺん叩いてやらないかん、と思うとりましたから、日露開戦、大賛成です。これからもロシアをやっつける論説をたくさん、お願いします」。熟慮の末の自分の開戦論が、「ロシア憎し」だけの浅薄な開戦論と同一視されてしまっているようだ。どうして、こんな誤解が生じるのか。そこで天眼は思い当たった。「そうか、東大七博士とかいう連中の浅薄な開戦論が新聞にもてはやされ、日本中を席巻しているからか。自分の熟慮の論が、滔々と流れる浅薄無思慮の論の奔流に巻き込まれ、見分けが付かなくなってしまったというわけか」。しかし、国家の存亡がかかる重大な時に、国民がそんな愚かな戯言《たわごと》に惑わされていてはならない。「ここは一つ、東大七博士の愚論を徹底的に批判しておかねばなるまい」と天眼は決意した。

東大七博士とは、東京帝国大学教授の戸水寛人《ひろんど》ら7人の法学博士グループで、ロシアが撤兵期限を守らないことから日本に主戦論が台頭し始めた1903（明治36）年6月、桂太郎首相ら政府閣僚を個別に訪ねて、「この機を逸すれば日本の防衛は危うい」と強調して即時開戦を求める意見書を提出した。この「東大七博士意見書」が、ある東京の新聞に掲載されると、大きな反響を呼んだ。これが読者の関心を集めると見た他の新聞も相次いで七博士の意見書全文を掲載した。すると七博士に同調して、「ロシア撃つべし」の強硬論が一層、高まる。そうすると、またまた新聞が七博士を代表的な愛国者のごとく扱い、もてはやす。こうして世論は一気に「開戦やむなし」に傾いていった。

問題は、七博士の強硬論の背景にある思想の愚劣さだ。戸水寛人はどのようなことを言ってきた人物か。戸水は「私は元来、侵略主義を唱えている者であります。日本は侵略主義を採るべきであります」と公言し、「普通の道徳観念を持つ人から見れば、他国を占領するなどということは極めて不道徳なことと見えるでしょうが、私に言わせれば、他国を侵略しない方が非常な不道徳であり、不道徳の極みだと思うのであります」と述べている。「他国を侵略しないのが不道徳」などと言い放つ人物の愚論を大新聞はもてはやし続けたのである。

天眼は怒る。「七博士なる者の愚論を無批判に垂れ流す新聞に対して、大喝叱責を加えずにはいられない」と前置きし、こう問う。「そもそも七博士とは何者か。その意見のどこに新聞は納得して受け売りしているのか。単に帝国大学博士という肩書があるという理由で、新聞記者が大人しく拝聴して垂れ流すというのなら、あまりに無責任だ」。

普通の人が言えば愚論にしか聞こえないものを、それが博士の肩書がある者が言えば、新聞記者には名論卓説と聞こえるのか。そういう大喝叱責だ。天眼は七博士を「単純という事の化身」と形容した。そして、内実は「単純という事の化身」であろうとも、それが帝国大学博士という権威を身にまとっているがゆえに、その化身が吐くいかなる夜郎自大な愚論も、権威に盲従する新聞記者によってもてはやされ、愚論が世論となっていったのである。

開戦に至る経緯の中で垣間見えた世論形成の危うさの問題点は、戦争終結時の講和条約交渉を巡る世論の空疎な沸騰ぶりとして再び露呈することになる。

人類の観点から許せない～西郷四郎の現地報告

「くれぐれも用心してください、西郷さん。ロシア兵の動向に警戒を怠らずに」。天眼が西郷四郎に事細かに注意を与える。西郷はこれから、ロシア兵侵入事件があった韓国龍巌浦の一触即発の緊張地帯へ特派員として出発するのだ。いつ何が起こるか、分からない。だが、西郷なら冷静、機敏に対応できるはずだ。そう考えた天眼は、あとは西郷に任せて、ただ無事を祈ることにした。

ロシアが1903（明治36）年4月の第2期撤兵を実行せず、満州に大軍を居座らせたことが日本に大きな衝撃を与え、国中に怒りが渦巻いている最中に、さらに日本を震撼させる事件が起きた。ロシア軍が鴨緑江沿岸の韓国側にある龍巌浦を占領し、軍事基地の建設を始めたのだ。日本政府はロシアの公然たる威嚇、挑発と受け止め、両国間の緊張が一気に高まった。その半年後の10月から11月にかけて、西郷は特派員として現地を取材し、報告記事が『鴨緑江岸の消息』と題して東洋日の出新聞1面トップに掲載された。

西郷は、鴨緑江の岸から大量の軍需物資を陸揚げするロシア軍の動きをこう伝える。「薪島沖に二千トンぐらいの汽船二隻が停泊。露国軍隊用の糧食弾薬を満載しており、毎日二百両の馬車で十四日間続けて、安東県から遼陽、鳳凰城方面に運搬した。その日数だけ見ても、物資の量がいかに膨大か分かるだろう」「鳳凰城内に駐屯するロシア兵は従来、六百人に過ぎなかったが、ここ数日、急速に増大して、今では千人近くに及ぶ。そのため兵舎が足りなくなり、城内の兵舎、学校、寺院など全ての官設の建築物の修繕が進められ、さらに三千人の収容が可能な状態になった」「九連城では城内の民家を調査して、兵隊受け入れ施設にする準備が進んでいる」。ロシア軍の活発な動きが伝わってくる。

西郷が怒りを募らせたのは、ロシア兵が引き連れて来た中国人馬賊による韓国民衆への非道な暴力行為だ。西郷が取材で訪れた鴨緑江に浮かぶ黒島には、

200人余りの中国人馬賊がロシア兵に指揮されて駐屯していた。その無法、残酷が目に余る。西郷の現地住民に対する取材によると、馬賊らの乱暴狼藉は無辜の島民すべてに及び、特に女性に対する暴行が果てしなく繰り返されていた。

これを他国の出来事と見過ごせる西郷ではなかった。怒りの筆を揮う。「これは他人事ではない。被害を受けている人々は、我々と同じ人類である。同じ人類という観点に立てば、この地の人々がこのような残酷な被害を受けていることに憤慨しない者はいないであろう。私は腹わたが煮えくり返ってたまらない」。

西郷らしい正義感あふれる文章だ。人間を国籍にかかわりなく、共に同じ人類と見て、怒りや悲しみを共有しようとする。その姿勢を西郷は以降も一貫して守り続けた。人類普遍の立場で握るその筆を、8年後の辛亥革命現地報告でも、いかんなく揮うことになる。

開戦～筆調一転を宣言

１９０４（明治37）年2月8日、日露はついに開戦した。翌日、天眼は朝早くから新聞社に現れ、机に向かって静かに原稿を書いていた。そこへ若い大浦記者が出社し、あいさつに来た。「鈴木社長、おはようございます。いや、おめでとうございます。とうとう開戦になりましたね」と弾んだ声を出す。「うむ」と言ったきり、天眼は原稿に目をやったまま微動だにしない。拍子抜けした大浦記者が気を取り直して、「樽酒でも用意しましょうか。今日は新聞社挙げて開戦祝いをするんでしょう。これは賑やかになるぞ」とはしゃぐ。

突然、天眼に「浮かれたことを言うでない」と一喝された。目を白黒させる大浦記者に天眼はこう諭《さと》す。「いいかね、大浦君。戦争とは人が死ぬことだ。確かにロシアとの開戦はやむをえぬことだった。だから、私も強く開戦論を主張してきた。しかし、いったん開戦となったら、次に考えるべきは、始まった戦争をいかに早く終わらせるか、ということだ。それを考えるのが政治家や新聞の役目だ。

それを考えない無責任な政治家に対して、責任を持って早く戦争を終わらせる方法を考えろ、と尻をたたくのが新聞の役目だ。新聞社が能天気に開戦万歳などと騒いでいる場合じゃないぞ」。思いもかけぬ天眼の厳しい表情を見て、大浦記者はうなだれた。大浦は最近、採用した地元長崎出身の若手記者で、事件事故や生活関連記事の取材を担当させていた。若いせいで、物おじせず、天眼にも率直に疑問をぶつけてきた。その率直さを天眼は気に入っていた。

この日、天眼が書き上げた原稿は「筆調一転」を宣言する内容だった。開戦を機に、今後は強硬論を控え、冷静に戦争終結の努力を呼びかける議論に転じたいと言う。国民に戦争熱を醒ませと訴え、政府に戦争を終わらせるための外交に力を入れよ、と求めるものだった。

「戦時にあって、戦争以上に注目すべきは外交」と天眼は断じる。戦争には目的があるはず。目的達成のためには戦場と外交の両面での努力が必要になる。外交努力なしに戦争を続けるのは、戦争のための戦争であり、無意味で野蛮な行為である。ところが、この国の政治家、大新聞の記者ときたら、外交の重要性を全く理解しておらず、話にならない。「戦争を知って、外交を知らず」の素人戦争論ばかりが幅を利かす世の中だ。だから東洋日の出新聞はあえて、今日を限りに筆調一転、政府に外交努力を迫る論調に変えるのだ。

日本の新聞は誠に奉公的なり

黙って聞いていた大浦記者が口を挟む。「ですが、世間は勇ましい強硬論で沸き返っています。今、外交の重要性を説いても、熱狂する国民の耳に入りますかね」。

天眼が答える。「それは新聞が悪いのじゃ。新聞が冷静に外交の重要性を説けば、国民も理解するはずだ。ところが彼らは逆に戦争熱を煽るばかりだから、国民も戦争のことしか考えられなくなる。その結果、兵隊の犠牲は増えるばかりで、戦争に終わりがない。愚かな新聞のおかげで国民は不幸になるばかりじゃ」。

新聞が政府からの独立性を守ろうとしない姿勢も問題だ。国民の立場から政府を批判しなければならない場合も多いのに、政府の言うことを垂れ流すだけでは報道とは呼べない。特に戦時下では、このような政府に対する従属的姿勢は国民を危地に追いやる。「勝った、勝ったと政府や軍部に代わって戦果を誇示し、忠勇を鼓舞する役割を嬉々として演じておるのが、今の新聞屋じゃ。お上に『日本の新聞は誠に奉公的なり』と褒められて勲章でも、もらうがいい。私のこの皮肉が通じておるかね、君たち新聞屋に」と天眼は怒る。「文をもって武を補う、が新聞の役目だ。戦時なら、なおさら新聞が文の方面、すなわち外交を論じて視野の広い議論を興す使命がある。それが、どうじゃ。東京では大新聞の記者が軍人にへつらって、ことさらに軍人以上の強硬論を騒ぎ立てて見せるというではないか。情けない」。

「大新聞はどうして、そんなことをするのですか」と大浦記者。「自分たちは安全地帯にいて強硬論を叫ぶ卑怯者であるからだ。兵隊の命のことなど考えていないのだよ」。天眼は吐き捨てるように言う。「死ぬのは兵隊ばかりじゃ。新聞屋の強硬論は卑怯者の遠吠えじゃ」。

西郷四郎の満州義軍参加を制止

「ならぬ。西郷さん、それは絶対ならんのじゃ」。天眼が突然、声を張り上げたので西郷四郎は驚いた。天眼は続ける。「あなたを無駄死にさせません、必ず畳の上で往生させますからと、あなたのお父上、西郷頼母殿と約束したのじゃ。その約束は守らねばならんのじゃ」。養父、西郷頼母の名前が出たことに、西郷はさらに驚いた。

この日、西郷が現れたのは、満州義軍への参加決定を天眼に報告するためだった。満州義軍とは、日露戦争中、日本陸軍の満州軍高級参謀、福島安正が総指揮を執ったロシア軍の後方攪乱のための特殊部隊。現地の馬賊を組み入れたほか、日本国内からも義勇兵を募集した。東洋日の出新聞からは西郷四郎と福島熊次郎の参加が認められた。社友で玄洋社員でもある安永東之助は既に現地にいると言う。西郷は勇んで天眼に報告に来たというわけだ。

一方、天眼には西郷頼母との約束があった。天眼は西郷四郎と同志として活動して行くと決めたころ、その報告のために頼母を訪ねている。そこで、会津の名門、西郷家の血統を絶やさぬため西郷四郎の命を自分の責任で守る、と約束した。だから、生きて帰れる保証のない満州義軍参加を認めることはできなかったのだ。

天眼の制止が、養父、頼母の意思と知れば、西郷も受け入れるしかない。「分かりました。それなら仕方ありません」と西郷は唇を噛みしめ、うなだれた。

東洋日の出新聞から義軍に参加した福島熊次郎は無事帰国した。だが、安永東之助は戦後も満州に残って活動を続けた。天眼は毎日のように手紙を送り、「早く帰ってこい。命を粗末にするな」と訴え続けたが、その訴えもむなしく、安永は1905(明治38)年11月、現地で狙撃され死亡した。天眼は東洋日の出新聞1面に安永追悼記事を掲載して弔った。

消された世界的スクープ　～幻のステッセル将軍会見記

「鈴木社長、あの記事、検閲でやられました!」「くそう、警察の奴ら、なんということをするんだ」。午前3時、東洋日の出新聞の編集部員たちが怒りに震えながら会社に帰って来た。朱墨を塗りたくられて真っ赤になった新聞のゲラ刷りを手に、悔し涙を流している者もいる。彼らの帰社を待ち構えていた鈴木天眼は「なんだと、この世界的な特ダネを警察が削除したというのか。許せん。こんな警察の横暴を許すものか」と激怒した。この日から、長崎県警察本部に対する、報道の自由を懸けた東洋日の出新聞の闘いが始まった。

削除されたのは、ロシア旅順要塞司令官、ステッセル将軍への単独インタビュー記事。将軍は１９０５（明治38）年１月１日に旅順要塞が陥落して日本軍の捕虜になった後、宣誓捕虜（戦争中は日本に対して害のある行動はしないと誓約して帰国を許された捕虜）としてロシアに帰る道を選び、途中、長崎に一時滞在することになった。同14日、将軍やヴェーラ夫人らを乗せた船が長崎に入港し、将軍夫妻は長崎市稲佐の女性実業家、道永エイ（稲佐お栄）の自宅に宿泊した。宿舎内外は多数の警察官が配置され、「蟻一匹、這い入る隙がない」厳重な警備体制が敷かれた。

それはまさに、旅順陥落の報で日本中が沸き返っている時である。その敗軍の将たるステッセル将軍が捕虜となって敵国の地に上陸した時、いかなる心境を語るか、それを世界中が注目している。もし、将軍への単独会見に成功すれば世界的スクープになる。東洋日の出新聞はそれを狙って、見事に会見に成功した。ところが、その会見記事が警察の深夜の検閲で、ばっさりと削除されたのである。東洋日の出新聞の無念はいかばかりか。

1月18日午前零時頃、いつも通り、編集部員が印刷前のゲラ刷りを警察に持参して検閲を受けたところ、担当警部から、予想もしない削除処分を受けた。当然、編集部員は猛烈に抗議した。押し問答が続くうちに午前2時半を回り、急いで帰社しなければ、その日に配達する新聞の印刷が間に合わなくなり、読者に朝のうちに新聞を届けることができなくなる。そこで泣く泣く引き揚げて来たというわけだ。

戦時の検閲については、警察と地元新聞各社の間で「軍事・外交の機密に属することは記事にしない」との合意があり、粛々と守られてきた。今回のステッセル将軍インタビューがその機密に該当するとはとうてい思えない。おそらく全く違う理由で恣意的に削除が強行されたのだろう。その理由は何か。天眼には思い当たる節があった。警察の厳重な警備をかいくぐって東洋日の出が将軍への単独インタビューを成功させたからである。警察の面子が潰されたことへの意趣返しである。「警察のそんなくだらない私情のために、日本にとって、世界にとって、非常に大切な記事を葬り去ったのか」。天眼は徹底的に警察を糾弾する決意を固めた。「今度ばかりは一歩も退かぬぞ」。天眼持ち前の闘争心が湧き上がった。

天眼は検閲削除を受けた18日未明、抗議の意思を表明するために、削除された部分の活字を全て「〓」の活字に置き換えた紙面を印刷し、こう書き添えた。「こんな体裁の悪い新聞を配達せざるを得なかったことを、読者に謝罪する。これは今朝がたの検閲の結果である」。そして3日後の21日。警察を正面切って批判する論説を『東洋日の出新聞は長崎県警察本部を信任できない』と題して掲載しようとしたところ、またも全面削除された。だが、天眼は退かない。22日、『紙面上の注意』と題して、読者に何が起こったかを伝える論説を掲載した。「昨日の本紙論説は全部抹殺されました。原稿の上に朱墨の棒が、べったりと血のように塗り付けられました」と書き出し、検閲対象は「軍事・外交の機密に属すること」という合意があったにもかかわらず、明らかに対象外の記事を削除したのは検閲官の越権行為だと憤る。そして、検閲担当警部の実名を挙げて皮肉を言いながら糾弾する。「長崎県警がステッセル将軍滞在中の警備を任されたからと言って、検閲担当官が乃木将軍のように偉い者に出世したわけでもなければ、警部が新聞記者の上位に立ってよいとの官許を得たわけでもなかろうに、なにゆえに検閲削除の暴挙に及んだのか。このままでは済まさない。どちらが正しいかは、いずれ天下に明らかになるでしょう。必ず明らかにさせます」。言論の自由を守る不退転の決意が天眼の筆にみなぎった。

警察と新聞、警察と市民

問われているのは、警察と新聞の間に正常な関係が保たれているか、という点だ。天眼は続けて23日、『新聞社の位置』と題する論説を掲載し、問題提起を行った。文章の最後を「本県警察本部を信任することはできない」と、21日に全面削除された論説の題名で締めくくっていることから、同趣旨の論説を再び強行掲載したとものと見られる。そこで天眼は、一地方官吏に過ぎない県警部長が新聞社の上に立つかのように振る舞い、世間もそれを当然視する風潮を「時代遅れ」と断じ、今は「新聞が社会の中心に位置する時代」になっていることを認識すべきと強調。県警が新聞の適正な地位を認めるまで、東洋日の出は闘うと宣言する。それは「新聞の生存を懸けた闘い」であり、この問題を政府や中央政界に広く提起して、東洋日の出新聞と長崎県警のどちらが正しいかの判断を天下に仰ぐとした。

警察が新聞を見下す背後には、同じように警察が市民を見下す風潮が潜んでいる。言論抑圧はその反映なのだ。天眼は警察の特権意識をこう叱る。「あなたたちは市民から批判を受けると、まるで皇室が批判を受けたかのように激怒するが、いつから警察が皇室と同等になったのか。思い上がりも甚だしいぞ」。天眼は威張る警察官の具体例を次々と挙げて、そうした言動がいかに人々を苦しめ、社会の発展に悪影響を与えているかを指摘、「警察官も立憲的文明の素養を持たねばならぬ時代だ」と言う。

さらに、警備と検閲に携わった県警部長と係長を名指しで糾弾、「なにゆえに、おのれらは軍参謀官にでもなったかのように振る舞うのか」と迫る。部長は中央から派遣された内務官僚だが、「ステッセル将軍の警備を担当したというだけで、幼稚な功名心のために、知らず知らず、自分を軍の高位の将官と錯覚するほどに、のぼせていないか」と遠慮なしに批判する。係長は、ステッセル将軍を表敬訪問するため宿舎を訪れた長崎市長を、けんもほろろに門前払いしている。その係長を「彼の権幕は軍令部長のようであったというではないか。彼はまるで軍人の帽子をかぶった小児のような態度で号令したらしい」と指弾する。

天眼は怒りの筆鋒を連日、紙面に叩きつけた。検閲削除から3週間後の2月13日、問題の県警警部は韓国公使館付き警視に転任した。更迭であろう。

ステッセル将軍取材を手助けしたのは誰？

「ステッセル将軍、ヴェーラ夫人、長崎の東洋日の出新聞の記者がお二人に面会して取材したいと申しております。願いを聞いてやっていただけませんか。東洋日の出は地元で信頼の厚い立派な新聞です」と、誰かが頼んだはずである。

するとヴェーラ夫人はこう尋ねたかもしれない。「でも、外は警備が厳重なんでございましょう。記者が入って来るなんてできますの？」。それに対して、取材の仲介者はこう答えただろう。「大丈夫です。私が抜かりなく手配します。取材の現場には私が通訳として立ち会います。お二人に迷惑がかかることは絶対にありませんから、どうぞ、ご安心ください」。

そして、以上の会話を、この仲介者は流暢なロシア語でこなしたはずである。そうでなければ、この取材は成立しなかったからだ。

東洋日の出新聞記者（名前は不明）は将軍の取材と共に、ヴェーラ夫人の取材も実現しており、それぞれ個室に訪ね、会って話を聞いている。このとき、夫妻は眼前に現れた記者を見て、特に驚いた様子もなく、冷静に、かつ親しみのある態度で迎え、取材に丁寧に答えている。誰かが、事前に記者の来訪を告げ、夫妻に取材の承諾を得ていたとしか思えない。

夫妻が宿泊した道永エイ宅は、警察が「蟻の這い入る隙も無い」ほど厳重に警備している。その監視網を記者はどうやってかいくぐり、夫妻の個室に侵入することができたのか。特に将軍は旅順出発時、「ロシアに帰国するまでは、いかなる新聞記者の取材も受けない」と公言している。その将軍を説得して翻意させた人物がいるはずだ。検閲削除された紙面にわずかに残る活字を丹念に読み込めば、将軍が旅順要塞陥落の無念を率直に語り、記者は、その飾り気のない誠実な態度に感銘を受けたと記している。ヴェーラ夫人もロシア軍将校の遺児たちを引き取ったいきさつを涙ながらに語っている。事前予告がなければ、突然、侵入してきた記者に、ここまで心を開いた応答はできないだろう。

しかも、この取材にはロシア語の通訳が不可欠である。それも片言のロシア語では通用せず、ロシア語に堪能な通訳でなければならない。さらに、警察の警備を出し抜いて記者を手引きするのだから、見つかれば責めを受ける危険な任務である。これを引き受ける豪胆な人物がいるか。以上を総合して考えれば、ステッセル将軍取材への協力という困難で危険な任務を引き受けるほどの度胸と才覚を持った人物と言えば、この宿舎の当主、道永エイをおいてない、というのが筆者の結論である。

道永エイは「長崎の女傑」と謳われる人物で、長崎に入港するロシア海軍将校相手のホテル、レストラン事業を成功させ、財産を築いた実業家。ロシア語に堪能で、ウラジオストクで活躍した経験もある。１８９１（明治24）年、ロシア皇太子ニコライが軍艦で長崎に寄港、上陸した際は接待役を務めた。エイは旧会津藩士、香坂留彦と結婚していた。香坂は、天眼が「会津の豪傑」と呼ぶほどの快男児で、長崎に来てエイと結婚した後は、長崎製氷会社の経営などで活躍した。「長崎の女傑」道永エイと「会津の豪傑」香坂留彦の夫妻は天眼と親しかったから、天眼は二人に相談して取材の手はずを整えた上で、記者を送り込んだのではないか。筆者はそう推測するのだが、残念ながら資料がなく、謎のまま残りそうである。

熱狂する世論に抗して講和支持

「諸君、よく聞いてくれたまえ。このたびの日露講和条約締結に際して、わが東洋日の出新聞社は講和支持の主張を断固として貫く方針である。世論は講和反対で熱狂しているから、君たちも、いろいろと逆風にさらされるかもしれないが、これは日本にとって正しい選択である。どうか確信を持って、私についてきてほしい」。１９０５（明治38）年9月5日に日露講和条約（ポーツマス条約）が調印された翌日、天眼が社員を集めてこう訓示すると、皆、覚悟はできているとばかりに、うなずいた。

講和条約で、日本は「賠償金や樺太全土割譲」の当初要求は実現できなかったが、代わりに①韓国の支配権②旅順・大連の租借権や鉄道など南満州の利権譲渡③南樺太の割譲―などをロシアに認めさせるなど、大きな利権を獲得した。日本は奉天会戦や日本海海戦で勝利を収めたものの、既に国力の限界に達しており、戦争継続は不可能な状態だった。その現実を見れば、講和条約交渉の成果は満足すべきものと言えた。

ところが戦争中、「連戦連勝」の報道ばかりに接し、日本の置かれた現実を全く知らされていなかった国民は、「多額の賠償金獲得、樺太全土割譲」、いわゆる「償金割地」の要求が実現しなかったことに不満を募らせ、講和反対・戦争継続を求める世論が沸騰した。また、東京の大新聞はじめ全国ほとんどの新聞も講和反対の主張で足並みをそろえ、日本政府の弱腰を責め立て、戦争継続を叫ぶ世論をさらに煽った。

こうした状況の中、鈴木天眼は独り、日露講和条約支持の論陣を張った。その論拠は「これ以上の戦争継続は日露双方にとって無意味であり、いたずらに犠牲を増やすだけである。生命の重みを考えれば、今は流血を止めて、平和回復を最優先の課題とすべき時だ。償金割地にこだわって戦争継続を叫ぶなど愚かの極みである」というものだ。当然、好戦的な新聞社や世論から反発を受ける。だが天眼は動じることなく、講和支持の論説を書き続けた。

ただ、自社だけが孤立することに不安を抱く社員がいるのも事実である。案の定、若い大浦記者がおずおずと近づいてきて言う。「鈴木社長のおっしゃることはもっともです。正論と思います。しかし、ことさらに世間に逆らわなくてもよいのではありませんか。みんなが反対と言っている時は、我が社も適当に合わせておいて、あとから本当のことを少しずつ言えばいいじゃないですか」。

天眼はきっぱりと答える。「大浦君、君は新聞というものが分かっていない。新聞は何のために社説や論説を発表するか。世の中を良くするためだ。だから、その新聞社の立論が正しいかどうかの評価基準は、世の中に役立つかどうか、国家の発展、国民の幸福に資するかどうか、なのだ。それ以外の観点から新聞社の主張を決めてはならないのだよ。もし、新聞社が世論の動向に合わせて主張の内容を決めたら、それは迎合。逆に新聞社が特定の目的のために世論を操ろうとして意図的な主張を続けたら、それは扇動だ。迎合も扇動も絶対にやってはいけない。それをやったら新聞はおしまいだ。残念ながら、今の帝都の大新聞は迎合、扇動の常習犯だけどね」。

　天眼の言葉にうなずきながらも、大浦記者の表情は晴れない。「社長、そうは言っても取材先でこんなことを言われます。東洋日の出新聞は弱腰だ、東洋日の出の記者は弱虫だと。僕はそれが悔しいんです」。天眼が笑った。「わっはっは。大浦君ともあろう者が、そんな戯言《たわごと》に惑わされてはいけないよ。いいかい、彼らは勇ましく強気なことを言うけれど、彼らの言う通りにしたら国は弱くなって亡国だ。逆に我々の主張は一見、弱気に見えるけれども、我々の言う通りにしたら、この国はもっともっと強くなる。その結果を考えれば、一体、どちらが本当の意味で強気の論ということになる？我々の論じゃないか。我らの弱気は真の強気なのだよ。自信を持って進もうじゃないか」。

　大浦記者の顔が輝いた。「分かりました、社長。今度取材先で嫌味を言われたら、こう言い返してやります。〝我らの弱気は真の強気〟ってね。なんか勇気が湧いてきました」。そう言って大浦記者は元気よく取材に飛び出して行った。

日比谷焼き打ち事件　～国民を扇動する新聞

「なんという愚かなまねをするのか」。東京から送信されてきた通信社記事を見て、天眼は愕然とした。それは、前日9月5日の日比谷焼き打ち事件を伝えていた。講和反対を叫ぶ民衆が東京・日比谷公園で国民大会を開き、政府を弱腰と糾弾して気勢を上げた後、熱狂した参加者が街に繰り出して暴徒化し、電車、交番などを襲い、内相官邸や政府支持の国民新聞社を焼き打ちするなど、大規模な暴動に発展したという事件だ。「枯草に火を付ければ、すぐに燃え上がる。日本の国民を扇動すれば、すぐに逆上して暴れ回る。これでは日本の国民は枯草と変わらんではないか。情けない。なぜ、感情だけで暴走するのか。なぜ、他人の意のままに操られたりせずに、政治の問題を一人一人が自分の頭で考えて行動しないのか」。天眼は「この問題は、日本人の国民性に根差しているから深刻だ」と眉間にしわを寄せた。

講和反対国民大会を主催したのは、開戦前から一貫して強硬論で世論を誘導してきた国家主義の団体だ。彼らは激烈な言葉で群衆を扇動した。だが、群衆がこれほどの暴動に至るには、背後に、もっと大掛かりな扇動があった。大新聞の扇動だ。

大会直前の大新聞が何を書いていたか。万朝報《よろずちょうほう》は「卑屈、卑屈、卑屈」とか、「嗚呼、嗚呼、嗚呼、大屈辱」とか、煽情的な大見出しを並べて政府を批判し、講和条約に調印した小村寿太郎全権の帰国を「弔旗をもって迎えよ」と書いた。報知新聞は「国民と軍隊は桂内閣、小村全権に売られた」と言い、大阪朝日新聞は講和条件を黒枠で囲って伝え、「天皇陛下に和議の破棄を命じたまわんことを請い奉る」という長い請願文を載せた。

大会当日の5日は一段と激しい言葉を並べた。東京朝日新聞は「我々の戦場は東京日比谷、いざ往《ゆ》かん」と書き、万朝報は「来たれ、来たれ、来たれよ、講和問題全国同志大会」「血ある者は来たれ、骨ある者は来たれ、鉄心ある者は来たれ、義を知る者は来たれ、恥を知る者は来たれ」と煽り立てた。5日は朝から東京に、いつ暴動が起きても不思議でない不穏な空気が新聞によって醸成されていたのだ。

営業本位の論調

天眼はこうした大新聞の論調を、嫌悪と不快感を露わにして痛烈に批判した。そもそも彼らは戦争を何と考えているのか。戦争は人が死ぬことであるのだぞ。平和回復の機会を拒否して戦争継続を求める主張は、「なお人を殺せ」という非人間的な冷酷な主張にほかならないことを分かっているのか。「君たちは、いたずらに戦争を長引かせて、この上さらに、数十万の人を殺し、婦人小児を泣かせようと言うのか。それが新聞記者の言うことか」。

しかも、彼らの強硬論が、実は国家と国民を案じての論ではなく、単に新聞の売り上げを伸ばすための「営業本位」の論調である場合が多いから、なお始末が悪い。天眼は、ライバル関係にある二つの代表的な大新聞の日露開戦以降の部数増減と論調過激化の相関関係を独自に追跡調査した結果を紙面に公開した。それによると、部数競争で後れを取った新聞は巻き返し策として、より好戦的な論調に転換して部数を回復させ、一方、巻き返された新聞は、こちらも一層、論調を過激化させて部数回復を図っている。より過激な強硬論を唱えれば部数が伸びる、と知った上での営業政策としての「煽情紙面作り」である。こうなれば歯止めが効かない。「一方が清酒を飲ませれば、一方が焼酎を供し、それでは負けるとウイスキー、ウオッカなど、順々に猛烈な火酒を提供して、互いに人気を競うようになっては、もう際限がない。新聞の乱心は、国民にとっての禍である」。

新聞社が「戦争になれば新聞が売れる」という視点から新聞発行を続ければ、それは国民に不幸をもたらす。当時、天眼のこの警告に耳を傾ける新聞人はほとんどなく、日露戦争から約40年後の日中戦争、太平洋戦争で再び新聞が戦争を煽り、日本は破滅することになる。

長崎で「日本のタイムズ」を作る

全国ほとんどの新聞が日露講和条約反対の強硬論を唱える中、鈴木天眼の東洋日の出新聞と、焼き打ちに遭った徳富蘇峰《そほう》の国民新聞だけが講和支持を主張した。熱狂する世論に抗して自説を守り通した新聞だ。だが、天眼は「一緒にされては困るわい」と不満顔である。徳富蘇峰は桂太郎首相と親密で、国民新聞は政府の考えを代弁することが多く、政府系の「御用新聞」と見られてきた。国民新聞が講和条約を支持したのは、政府系の新聞が政府の政策を支持したに過ぎない側面がある。「徳富蘇峰の講和支持などは、御用新聞が政府の御用を務めたままだ。世界を見渡し、日本の進むべき道を考え抜いた上で掲げた東洋日の出新聞の講和支持とは次元の違う代物である」と天眼は自負する。日露戦争は、天眼にとって「戦争と新聞」「世論と新聞」のあるべき関係を考察する貴重な機会となった。

戦争を通じて、日本の新聞のゆがんだ姿が露わになる中、天眼が唯一、わずかな期待をかけたのが、古巣、二六新報の生まれ変わりだ。天眼が主筆を務めていた（第1次）二六新報は1895（明治28）年に休刊となったが、1900（明治33）年に秋山定輔が単独で、全く新しい編集方針の新聞として（第2次）二六新報を復刊させていた。この第2次二六新報は社会性のあるキャンペーン記事と、読者の好奇心に訴えるだけの暴露記事を混在させる異色の紙面で注目を集め、秋山の経営手腕が評価されることになった。この新聞の在り方に天眼は疑問を覚えた。これでは単に「売るための新聞」を作っているに過ぎないではないか。天眼は自分が在籍していた第1次二六新報では「売れずとも、確かに社会の進歩に寄与する新聞」を目指していた。そして、「いつかは言論の独立性を大切にするイギリスの高級紙タイムズのような新聞に育てたい」と意気込んでいた。それが今では正反対の新聞を作って、儲けることに専念している。しかも、その政治論は扇動が激しく、日露講和反対の国民大会では二六新報も主催者に名を連ねていた。

「これではいけない」と感じた天眼は、既に東洋日の出新聞の社長ではあったが、上京するたびに秋山と会い、新聞作りの姿勢を改めるよう何度も諫言した。だが、一時の成功に酔う秋山は聞く耳を持たなかった。もう秋山に何を言っても始まらないと、天眼は見切りを付けた。ならば、天眼が理想とする新聞を長崎で作り上げていくしかない。東洋日の出新聞を「日本のタイムズ」に育て上げるのだ。天眼はそう決意を固めた。

西郷四郎が睨みを利かす

「鈴木社長、社員全員、配置に就きました。どれだけ暴徒が襲って来ても、社員一丸となって撃退する態勢が整いました」。社員を指揮する宇都宮流水が報告に来た。彼の颯爽とした襷《たすき》がけ姿、きびきびした動き、古武士のように引き締まった表情は、戊辰戦争の時、新政府軍の襲来に備えて会津若松城、二本松城の守備固めに奔走する家老を思わせる。「うむ、備えはできたな。加えて、我々には正義と道理がある。今日は一歩も退かぬぞ」と天眼も気合の入った声で社員の士気を鼓舞し、広間の真ん中にどんとあぐらをかいた。

1905（明治38）年9月12日。この日、長崎の街は朝から不穏な空気に包まれた。

日露講和条約に反対する市民集会が開かれるのだ。主催者は地元の5つの新聞社のうち、東洋日の出新聞を除く4社。いずれも講和反対の強硬論を連日、書き立て、講和を支持する東洋日の出を激しく非難していた。天眼はこうした非難に屈しない姿勢を示すため、あえて当日の新聞第1面に「宣言」を掲載、「東洋日の出新聞は本日の講和反対集会に反対です」と意思を表明。その理由を「この上に忠勇の将士卒を殺さしめる事は日露共に無用かつ有害である」と述べ、「我が社はみだりに人を死なしめることに反対です」と結んだ。この東洋日の出の毅然とした対応が、講和反対派には挑戦的と取られ、一層、東洋日の出に対する敵意を増幅させた。

会場の舞鶴座には、戦争継続を叫んで熱狂する市民に加え、県外からも壮士風の男たちが続々と詰め掛け、会場は超満員。参加者の中には酔って、「東洋日の出を焼き打ちにするぞ」と息巻く者もいた。集会が進行するにつれ、会場に殺気が満ちて行った。こうした情報が伝えられると、東洋日の出社内も、ますます緊張に包まれた。

このとき、西郷四郎が自他両陣営の度肝を抜く行動に出た。なんと「東洋日の出新聞攻撃の機運が充満する」舞鶴座にこちらから乗り込んだのだ。会場前方から参加者を睥睨《へいげい》し、議事進行を監視した。いきなり堂々と乗り込んで来て、数千人の大会参加者の前で仁王立ちになり、会場を睥睨する西郷の迫力はいかばかりであったろう。呆気に取られて誰も文句が言えなかったようである。

おかげで参加者はすっかり気勢を削がれてしまい、大会終了後に東洋日の出新聞の前を行進したものの、平穏に通り過ぎた。東洋日の出社内も安堵の気分に包まれて、長い一日を終わった。新聞社防衛の指揮を執った宇都宮流水は「主義主張の上から闘う者は強い」と、しみじみ思った。世の大勢に抗して講和支持を貫くという天眼の姿勢が、社員全員に共有され、社員一丸となって新聞社を守り抜いた見事な一日であった。

第４章　衆議院議員になる

犬養毅と立憲国民党を結成

「犬養先生、お初にお目にかかります。長崎の鈴木天眼です。やっと議会に議席を持つことができました。ご指導のほど、どうぞよろしくお願い申し上げます」。１９０８（明治41）年暮れ、帝国議会の衆議院議場。初当選の天眼は、かねて尊敬する政治家、犬養毅《いぬかいつよし》に近寄り、うやうやしく頭を下げた。犬養は人懐っこい笑顔を浮かべ、「おう、君の名前は東京でも聞こえておるよ。立派な新聞を作って気を吐いておるそうじゃないか。これからは議会で一緒に頑張ろう。一つよろしく」と犬養の方からも頭を下げたので、天眼は恐縮した。

犬養毅。立憲主義を唱え、政治の腐敗を舌鋒鋭く追及する闘将と聞いていたが、会ってみると穏やかで他人を威圧する所がない。だが、ひとたび政治を語り始めた時に輝く鋭い眼光は、やはり、ただ者ではない。天眼より12歳上で、既に多くの政治経験を積んでいる。「この方は、私が政治の師と仰ぐにふさわしい人物だ」と天眼は素晴らしい出会いを喜んだ。

犬養が急に真顔になって言う。「君も気付いておると思うが、今の議会はどうにもならん。立憲政友会が数の力で議会を牛耳り、政府と結託して利権を漁るばかりで、国民のための政治など考えておらんからじゃ。これは何とかせにゃならん」。

それは天眼も同感であった。その年の5月、衆議院議員選挙の長崎市区で、二度目の挑戦で初当選。勇んで議会に登院したものの、全く活気がない。議席の大半を握る立憲政友会が裏で何もかも決めてしまい、少数野党や無所属の議員が異議を唱えても、数の力で押し切るからだ。議会が機能していないのだ。「これでは何のために議員になったのか分からない」と天眼は失望を深めているところだった。

犬養が続ける。「そこでじゃ。政友会に対抗できる力を持った新しい政党を作りたいと思う。徹頭徹尾、国民のために働く純然たる民党を議会に登場させるのだ。そのためには、ある程度の数を集めにゃならん。難しいことだが、それを実現しない限り、日本の政治は変わらんのじゃ。どうかね、天眼君。わしに力を貸してくれんか」。天眼は二つ返事で引き受けた。「もちろんです、犬養先生。大いに働かせてもらいます」。この日から、鈴木天眼と犬養毅は同志になった。

天眼は新党参加者の獲得に奔走した。一年生議員ながら、政友会政治打破の必要性を丁寧に説明して、勇気を出して立ち上がるよう訴えた。情熱的かつ理路整然とした説得に心動かされる先輩議員も多く、少しずつ同志が増えて行った。

1年余り後の1910（明治43）年3月14日。ついに待望の純民党、立憲国民党が誕生した。結党大会で犬養は改めて政治刷新の決意を語った。その表情は精悍で、闘将と呼ぶにふさわしかった。それを見て、天眼も大きな達成感を味わった。「今日が議会政治の本当の出発点になるだろう。自分も立憲国民党の結党の原動力の一人になることができて幸せだ。これも犬養先生と出会えたおかげだな」と、しみじみと喜びをかみしめた。

鈴木天眼と犬養毅の交友はこの後、長く続く。共にアジア主義の思想を持ち、立憲主義を唱え、大正政変では護憲運動に奔走した。共に弁論が巧みで、理と情を併せ持つ熱弁が人の心を動かした。後年、辛い闘病生活を送る天眼が、長崎から久しぶりに上京すると、犬養はアジア主義の古い仲間たちを集めて、天眼の激励会を催した。厳しく理を説く政治の師は、情に厚い人でもあった。

日露戦争後の政治の堕落に怒る

天眼が1908（明治41）年5月の第10回衆議院議員選挙の長崎市区に立候補を決意したのは、日露戦争後の政治の堕落が目に余るからであった。選挙前の集会で、こう叫んだ。「いくら戦争に勝っても、政治家が堕落し、国民の精神が衰弱し、国家の発展の道が見えなくなったら、それは負けたも同然。皆さん、戦勝気分に浮かれている場合ではありませんぞ。今すぐ、日本の政治を立て直さねばならんのです。それには傲慢な軍閥支配と、立憲政友会の利権政治を打破する必要がある。そこで私が立候補を決意したのであります」。

天眼に言わせれば、日露戦争は、ロシアの敵失で、たまたま勝ったに過ぎない。日本陸軍参謀たちの拙劣な戦争指導は、日本軍をあわや壊滅的危機に陥れそうな場面が多かった。にもかかわらず、国民には、その実態が全く知らされていないため、無能な戦争指導者たちが救国の英雄のようにもてはやされ、何食わぬ顔をして仰々しい勲章を授与され、軍服の胸を飾り立てている。天眼は「陸軍参謀総長だった山県有朋大将は、天皇から授かった大勲位菊花章頸飾を御辞退なされよ」と吠えた。なんとなれば、「日露戦の責任を誰も問わないのを幸いに、あたかも完全無欠の大功を立てた者のごとくに振る舞っているからである」。山県有朋は、日露戦争後は軍、官の人事を掌握し、今や権力の頂点に立つ人物だ。それを名指しで非難するのだから、後援会の幹部らはひやひやものだ。「天眼先生、もう少し言葉を選んで、お話しくだされ」と忠告するが、天眼は「私は本当のことを言うために選挙に出たのだ」と言って聞かない。

天眼の矛先はロシア軍旅順要塞の攻略戦の指揮を執った乃木希典将軍に向く。日本軍兵士に要塞への無意味な突撃を果てしなく命令して、死体の山を築いた。「旅順戦は日本軍の大失態」と天眼は断じ、「よう勝ち得たものさ」と嘆息する。当然、その責任は、無能な乃木将軍の上に立っていた満州軍の大山巌総司令官、児玉源太郎総参謀長が負うべきものだ。天眼は言う。「大山、児玉の両将が将来、あの世で軍事の天才ナポレオンに会ったなら、ナポレオンから『小僧ども、危うく日本を亡ぼすところだったな』と叱られることだろう」。

問題は、その責任が現世では全く問われずに、真実が覆い隠され、虚飾にまみれた軍人の権威、権力ばかりが肥大化して、政治をゆがめていくことにある。そこに政治の堕落と日本国民の精神の荒廃を生じさせる原因があると天眼は見た。それと共に、満州の荒野に眠る日露両軍兵士たちの膨大な屍の光景は、人々の記憶から急速に遠ざかっていく。

軍国主義の萌芽が見え始めた日露戦争後の時代に、軍閥政治を真っ向から批判して遠慮することをしなかった天眼の選挙演説は、後援会幹部の心配をよそに有権者に受け入れられ、天眼は立憲政友会候補に大差を付けて圧勝した。

世界周遊の旅

立憲国民党の結党を見届けた翌日の1910（明治43）年3月15日、天眼は軍艦「生駒」に乗って世界周遊の旅に出る。アルゼンチン独立百周年記念式典に参列する日本政府使節団の一員に衆議院議員として参加した。使節団は伏見宮貞愛親王、徳川家達貴族院議長を中心に、貴族院、衆議院の議員らで構成。横須賀を出港し、インド洋を経て喜望峰を回り、大西洋を西に横断して5月、アルゼンチンの首都ブエノスアイレスに到着した。

記念式典参列後、再び「生駒」に乗り、ブラジルのリオデジャネイロに寄港した後、大西洋を東に横断してイギリスのロンドンへ。さらにベルギー、ドイツ、ロシアを訪問し、シベリア鉄道で満州に向かい、10月、帰国。7か月かけて地球を一周する大旅行になった。

天眼は旅の途中の見聞や思索を原稿に書き留め、行く先々から国際郵便や軍艦郵便で送り続けた。この結果、東洋日の出新聞の紙面は、主筆が長期海外出張中であるにもかかわらず、その主筆の原稿がいつも1面トップに掲載されているという奇観を呈した。まだ情報通信手段が限られている20世紀初頭の話である。天眼ならではの離れ業と言えるだろう。

イギリスで見事な英語のスピーチ

「天眼先生、急な話で申し訳ないのですが、今夜の歓迎パーティーで、日本の使節団を代表して、英語でスピーチしてもらえませんか」。あわただしく使節団同行職員が頼んできた。それは、あまりに急な話だった。世界周遊の日本使節団を乗せた軍艦「生駒」が南米から大西洋を東へ渡り、イギリスの領海に入った頃。ロンドンの手前の軍港ファルマスで、地元市長が盛大な歓迎パーティーを開いてくれることになった。ありがたい話である。せっかくの善意に応《こた》えるために、日本側も最大級の謝意を表したい。そのためには、通訳なしの答礼スピーチがふさわしい。そこで天眼に白羽の矢が立ったというわけだ。

さすがの天眼も驚いた。青年時代に熱心に英語を勉強したから、今でも英字新聞はすらすら読みこなせる。だが、人前でのスピーチの経験はない。普通なら尻込みする場面だが、そこは度胸満点の天眼である。即座に「やりましょう」と答えていた。

その夜、パーティー会場にはタキシード、イブニングドレス姿のイギリス紳士淑女が大勢、集まった。豪華なシャンデリアがまぶしい。司会者に促されて、これもタキシード姿の天眼が壇上に進むと、流暢な英語でスピーチを始めた。落ち着いた張りのある声で、堂々としている。これが初の英語スピーチとは、とても思えない。内容は、いつも通り、理路整然として分かりやすく、随所にユーモアが交るので雰囲気がなごやかになる。終えると、盛大な拍手が鳴りやまなかった。

翌朝の新聞を見ると、天眼のスピーチ全文が掲載されていた。それをロンドンの新聞が転載した。その結果、使節団一行がロンドン入りする頃には、市民の多くが「日本から使節団来訪」のニュースを知っており、行く先々で大歓迎を受けた。天眼は見事な英語スピーチによって、親善大使の大役まで果たしたのだった。

ロンドンで大恩人、日下義雄と再会

ロンドンでは思わぬ巡り会いがあった。大恩人、日下義雄と再会したのだ。イギリスの議事堂、大英博物館などを使節団一行と共に見学した後、ベルギー・ブリュッセルで開催される万国議員会議に出席するためにイギリスを出国するまでの一か月間、天眼は単独行動を取ってロンドンに滞在し、イギリスの歴史や文化、人々の暮らしぶりなどを研究した。その折、日下がロンドンにいるとの情報を日本大使館から得た。直ちに日下が投宿するホテルに向かう。「先生、お久しぶりです」と言いながら突然、現れた天眼のたくましい姿を見て、日下は「おお、元気そうじゃないか。よかった、よかった」と目を細めて喜んだ。

重病の天眼が療養のため、長崎県知事時代の日下を頼って、青白い顔で知事公舎を訪ねて来た日から20年余り。あの頃の不安な表情は天眼の顔から消え失せ、今は見違えるほど自信と活力に満ちている。「長崎で新聞社を経営している上に、衆議院議員にまでなったのか。ずいぶん立派になったものだ。さすが、わしが見込んだ男だけのことはあるわい」と日下は、天眼の成長を目の当たりにして、嬉しくてたまらないふうである。そんな日下の表情を見て、天眼も「これでようやく恩返しができた」と誇らしい気分に浸った。

日下は長崎県知事退任後、福島県知事や衆議院議員を務め、実業家としても活躍している。少しずつ、後を追ってくる弟子が可愛い。上機嫌の日下はロンドンで買った高級ウイスキーを取り出し、「よし、今日は大いに飲もう」と天眼のグラスに注ぎ、乾杯した。慣れぬ洋酒は苦かったが、天眼にとっては人生最高の美酒となった。

小鳥を飼う苦力　～中国人観を改める

シベリア鉄道でユーラシア大陸を横断し、世界一周の旅も終わりに近づいた頃、中国東北部、満州の営口を訪れた。ここは満州の水陸交通の要所で、広々とした遼河を無数のジャンクと呼ばれる帆船が行き交う風景は絵のように美しい。岸壁には多くの店舗がひしめき、ものすごい賑わいだ。「どこへ行っても中国の人々の活力がみなぎっている」と天眼は圧倒される思いで、つぶやいた。

さらにそこで、天眼は意外な光景を目にする。家もなく、極貧の暮らしを続ける苦力《くーりー》（中国で荷役作業などに従事していた最下層の労働者）たちが、小さな鳥かごを大事そうに抱え、労働の合間に、その鳴き声を楽しんでいるのだ。無学で貧しく、文化とは無縁の生活を送っていると思い込んでいた人々が、どん底の境遇にあっても、小鳥を飼って鳴き声を楽しむという風雅な趣味を持ち、精神世界を豊かに広げて生きていた。

予想もしなかった光景に天眼は感動した。日本には全く伝えられることのない中国人の素顔だった。「これまで、なぜ、この趣のある風俗が日本人旅行者の目に入らなかったのだろう。なぜ、日本に伝えてくれなかったのか。いずれにしても、宿無しの苦力が小鳥を飼って、その鳴き声を恍惚として聞き楽しむ情景は、なんと素晴らしいものであることよ」。

日本にいる時は、大方の日本人と同じように、優越感を持って中国の人々を見ていた天眼の中国人観が、このとき大きく変わり始めた。

日本人の満州進出は無理

走る列車の窓から満州の広大な平原を眺めながら、天眼は考えた。満州に入って感銘を受けたのは、厳しい自然に耐えながら働く現地の人々のたくましさ、勤勉さだ。「満州では冬になると、ものすごい寒気に覆われ、気象も激変しやすく、大地は凍り、河も凍る。ところが、この最も厳しい季節に、大豆粕や大豆油などの貨物を一斉に運び出して、各地に移送する。この期間の満州人の勤勉さは、とうてい日本人の及ぶ所ではない。なにせ、彼らは鉄道とさえ競争するぐらいの気力を持っているのだから」。その上、賃金は安くて済むから、日本人労働者は太刀打ちできない。「満州人の生活費は一日十銭ぐらいで足りるという。これでは、あらゆる条件において、日本人が満州人に拮抗することは不可能である」。

そこまで考えて、天眼は結論を出した。「日本人の満州進出は無理である。満州は既に開けていない所はない。いまさら日本人が満州に移民しても発展は不可能だ。もう満州で利権を得ることはあきらめて、満州のことは満州の人々に任せるしかないと考えを改めるべきだ」。日本政府が南満州鉄道株式会社を設立して、本格的な満州進出を図る政策を進めようとしているときに、天眼は政府と正反対の方向から満州問題を考えていた。

満州現地で中国の人々を見直すにつれ、怒りが募るのは、日本人の中国人に対する恥ずべき横暴な態度だ。「満州に来てみて、実に驚かされた。当地の日本人は商人でありながら、満州人の客に対して、軍の下士官が新兵に命令する時のような態度で臨む者が多いことだ」。朝鮮におけると同じように、満州においても、日本人は官民共に威張り散らしていたのだ。日本人同胞のそんな醜い姿を実際に目撃した天眼の悲しみ、怒りは大きかった。「いつから日本人は、こんな卑怯で恥ずかしい性格になったのか」と天眼は嘆く。

列車は進む。天眼は遠くを流れる雲を見ている。白く美しい。この雄大な景色を見ながら、こんな不愉快で、せせこましい日本人の実態について考えなくてはならないのは残念だ。だが、満州に来た以上、現実を目に焼き付けて帰るのは新聞人の責務だ。そう考えて、さらに思索を続けることにした。

さて、その日本人の商売の仕方である。これが強欲で一方的という悪い評判ばかり聞く。自分が儲けることばかり考えて、相手にも儲けさせることは一切、考えない。「そんな商売の仕方があるものか」と天眼は思う。「商売は利他四分、自利六分と言うではないか。行き荷があって、戻り荷があるのが商売じゃ」。一方的に収奪する関係が長続きするわけがない。それはすべてに当てはまる。「政治も外交も事業も、日本の行き方は万事が『片為替』の行き方じゃ。『取るを知りて、与えるを知らず』の行き方じゃ。そんな『やらず、ぶったくり主義』の国民は嫌われて、招かれざる客と見なされるのがオチだから、海外進出はあきらめた方がよかろう」。

満州の空はあくまで高く、地平線はあくまで遠い。そんな大自然の異国に日本人はわざわざ出かけて来て、大自然に似つかわしくない、なんとも狭い了見で暮らしている。「こんなことではいかん。帰国したら、日本人に反省を求める論説を書こう」。列車に揺られながら、天眼はそう決めた。

満州の旅の終わりに、奉天で暮らす知人夫妻を訪ねた。そこで夫妻から、前年10月の伊藤博文暗殺前夜、列車から降りて訪ねて来た伊藤に山七面鳥の料理を振る舞った話を聞いた。山七面鳥とは野生の七面鳥のことだ。満州の山々が氷雪に覆われる時期に狩猟が始まる。友人は狩猟シーズン初の獲物となった唯一羽の山七面鳥を料理して、伊藤の食卓に供した。「伊藤公は非常に喜ばれて、『近年まれに見る佳味だ』とほめながら料理を堪能された」と友人は語る。伊藤博文最後の晩餐は野生の七面鳥料理であった。

満鉄の乱脈経営を議会で告発

「おかしいぞ。南満州鉄道の事業は、売りにも買いにもすべて三井物産が介入して代理業務を行い、莫大な仲介料を取っておる。これでは国策会社の満鉄が、私企業の三井物産に乗っ取られたも同然ではないか」。衆議院議員になった天眼は、かねて不審を抱いていた満鉄の経営実態を調べるために、政府資料を調べてみた。すると奇怪な実態が浮かび上がった。国民の財産に帰すべき満鉄の利益が、三井に野放図に「中抜き」され続けているのだ。「これは見過ごせん。議会で質問するぞ」と決めた天眼は１９１１（明治44）年３月の議会で、政府に質問主意書を提出した。

南満州鉄道株式会社（満鉄）は１９０６（明治39）年、半官半民の国策会社として設立された。鉄道事業に加えて炭鉱や製鉄所も経営し、鉄道付属地の行政権まで獲得。日本の満州経営を一手に握るコンツェルンとして君臨し始めた。だが、国民の知らない所で、経営不正が広がっていることを天眼が突き止め、議会で告発したのだ。

不正の最たるものは、三井物産が満鉄を利用して巨額の不当利益を得ていることだ。例えば、鉄道以外の交通機関を利用する満鉄資材の運搬は、三井物産1社が独占的に受注し、満鉄から三井への年間支払額は300万円にも上る。さらに驚くことに、三井物産は現地で運輸事業の実績が皆無なのだ。要するに、三井は運輸業など行っていないのに、満鉄が外注する運輸業務を独占受注し、利益を「中抜き」した上で、下請けに回しているのだ。しかも、現地には専門の運輸業者が多数、存在しているのに、その頭越しに三井が受注し、利益を掠め取るので、現地業者から不満の声が上がっているが、満鉄は取り合わない。ひたすら三井が儲ける仕組みを守っている。「これを不正と言わずして何と言うか」と天眼は糾弾する。

同じ構図の経営不正は他にもある。満鉄が大量に使用する煉瓦《れんが》の購入に際して、すべて三井を介在させている。これも三井に煉瓦製造の実績はなく、「中抜き」で儲けているだけである。天眼は「一枚の煉瓦も焼いたことのない三井が、居ながらにして煉瓦で巨万の富を得るとは何事か」と怒る。また、満鉄は撫順炭鉱の石炭を自社で販売する体制を備えているのに、なぜか、自社では販売せず、わざわざ三井に販売委託して不当利益を得させている。これほど奇怪な話はない。満鉄は国民の税金が投入されている国策会社だ。その利益が一私企業に湯水のごとく流れ込んでいる。「この不条理が許されるか。国家の利益を三井が独占的に私物化している言語道断の状況を、政府と議会はどう考えるか」と天眼は問うた。

日露戦争の膨大な犠牲の上に日本が獲得した満州の富が、一私企業である三井に食い物にされている。この恐るべき腐敗に議会も国民も無関心である。これでは、死んだ兵士も浮かばれまい。天眼は叫ぶ。「満州の富を満鉄が私物化し、その満鉄を三井が私物化している。満州は、もはや国民発展のための満州ではない。国民はこの現実を知るべきだ」。しかし、歴史は天眼の怒りの叫びを無視したまま進み、三井の満州での「暴利暴権」追求が一つの大きな原動力となって、日本は昭和の戦争に向かう道をひた走ることになる。

韓国併合を議会で批判

1910（明治43）年8月に日本政府が韓国併合を断行した翌年の1月と3月の2回、天眼は衆議院本会議で演壇に立ち、併合を厳しく批判する演説を行った。その1回目冒頭の発言が衝撃を与えた。天眼は、韓国併合は日本の財政を圧迫するだけで実利はなく、あえて今、併合を断行する合理的理由は見当たらないとする。にもかかわらず、桂太郎内閣が併合を急いだのは、「ひとえに、桂首相をはじめとする藩閥、軍閥の政治家たちの功名心によるものであろう。動機が不純である」と居並ぶ閣僚の面前で言い放ったのだ。

日本政府は朝鮮半島支配強化のために、日露戦争中から3次にわたる日韓協約で韓国の外交権、内政権を奪い、軍隊も解散させた。その仕上げとして韓国併合を断行し、日本が直接統治する体制を作り上げた。国の名称まで韓国から朝鮮に変えさせた。韓国は完全に日本の植民地となったのだ。

当時、韓国併合を疑問視する大新聞はなく、逆に全面賛美の論調一色に染まっていた。大阪朝日新聞は「韓人の日本人になることは韓人の為に幸福なるべし」、大阪毎日新聞は「彼らは真に幸福」と書き、東京日日新聞も「韓国併合は世界文明史上の一代栄誉」と絶賛した。植民地にされる韓国の人々の心情に思いを馳せる論調は全くなかった。大新聞がこの調子だから、国民世論も賛美一色で、全国各地で祝賀行事が繰り広げられていた。

そんな社会状況の中で、長崎の東洋日の出新聞は孤立を恐れず併合批判を書き続け、ついには主筆の天眼が衆議院本会議場の壇上から、「己の功名手柄のために国策を誤った」と桂首相をこきおろしたのだから、議場は騒然となった。「鈴木天眼とは何者だ」と気色ばむ議員も多かった。

天眼の主張はこうだ。まず、財政無視の政府の姿勢が問題だ。韓国を併合すれば、これから膨大な財政負担の重荷を抱え込むことになる。その現実を全く無視して併合を断行したのは、財政整理を重要課題に掲げる桂内閣の方針と矛盾するのではないか。にもかかわらず、併合を急いだのは、桂首相らの「稚心の発動」、すなわち幼稚な虚栄心の発露であろう、と断じる。さらに天眼は「そもそも、他国の併合が何の功名になるのだ」と問う。その上で、元老、閣僚らを「小功を誇り、老後の名声を急ぎ求める卑小な了見に憐みを覚える。同時に、国民に対して不忠実で利己的な姿勢に怒りを覚える」と酷評した。

天眼は、祝賀気分に浮かれる国民にも苦言を呈した。「韓国の人々がどんな気持ちでいるかを考えてください」と訴え、「日本人が帝国発展の勢いを誇り、いたずらにお祭り騒ぎに酔い、狂喜乱舞して、傲然と被征服者に臨むのは不謹慎でしょう」と説く。そして釘を刺す。「今後の日本人の態度次第で、日本人が大人らしい国民か、子供じみた国民か、を判断されます。それが日本人の信用の分かれ目になると、私は強く警告しておきます」。

「大人らしい国民か、子供じみた国民か」。今後の日本人の振る舞い方次第で、日本という国の信頼が左右される。天眼は国民に厳しい自戒を促した。だが、その警告はお祭り騒ぎにかき消された。

覚悟の韓国併合批判演説

「諸君、そのような不真面目な態度で私の話を聞いてもらっては困る」。衆議院本会議場の演壇から天眼は議場の一隅を、キッと睨みつけて叱った。天眼２回目の韓国併合批判演説の最中、話が朝鮮総督府の強権的支配の具体例に及んだ時、一部の議員から「やれやれ」と冷やかすようなヤジが飛び、それに同調する議員の間から一斉に笑い声が起こったのだ。天眼は、その議員たちの方に向き直り、毅然として言う。「諸君は御存じないかもしれませんが、本日、私は非常な決心をして、この演壇に立っておる。陸軍絶対主義の天下において軍を批判することが、いかに危険なことか、諸君もお分かりでしょう。その危険を冒して演説に臨むのであるから、普通の覚悟決心ではここに立てないのです。それに対して『やれやれ』と冷やかしながら漫然とお聞きになるのは、あまりにも心無い態度ではありませんか」。天眼に一喝されて、先ほどまでニヤニヤ笑っていた議員たちは皆、下を向いて黙り込んだ。

この日、天眼が問題にしたのは、日本の朝鮮統治が力による支配に陥っている点だ。併合以降、陸軍大将で武官のまま初代朝鮮総督に就任した寺内正毅《てらうちまさたけ》の指揮の下、至る所で憲兵警察と軍隊が目を光らせ、朝鮮の人々を抑圧する「武断統治」が行われていた。警察官や軍人だけでなく、日本人の官吏や教員までもが金筋の制服にサーベルを着用して人々を威圧した。天眼が危惧したように、日本人は「子供じみた国民」の振る舞いを見せたのである。

天眼は、日本の朝鮮に対する武断統治を「この子は泣き止まぬから、泣き止むまで縛っておこう、という類《たぐ》いの非道なやり方」と批判、今なお朝鮮の人々の反抗が続くのは「こちらの遣《や》り口に無理があるからではないか」と指摘した。「こちらの遣り口」、すなわち寺内正毅の強権的姿勢を正面から批判したのだ。

その寺内が総督を務める朝鮮総督府に巨額の予算が計上されようとしていることに天眼は反対した。このまま野放図に総督府関連予算を増額していけば、議会の監視が及ばなくなり、総督府の権力はますます肥大化して、制御できなくなるだろう。現に、朝鮮王宮（景福宮）より立派な総督府の建物を建設するなど、濫費、驕奢が目に余る。「寺内総督の権力は過大である。彼は、まるで第二の朝鮮国王あるいは新国王のように権力を行使している」。

そこで、朝鮮総督府予算をろくな審議もなしに成立させ、異様な武断統治を黙認することは議会の責任放棄につながらないか、というのが天眼の問いかけである。「朝鮮総督府の権力過大を支える予算計上を議会が黙認することは、憲法で定められた議会の予算協賛権を議会自ら放棄することになる。その重大性を議員諸君は分かっておられるのか」。だが、天眼の懸命の訴えも、大方の議員には馬耳東風であった。

元祖ヤジ将軍

帝国議会でのヤジと言えば、「寸鉄人を刺す」類いの鋭い内容で議場をうならせる正統派のヤジは、鈴木天眼が元祖らしい。1923（大正12）年3月10日の東京朝日新聞に、衆議院守衛長の回顧談が掲載されている。勤続34年で定年退職を控えた守衛長は、訪れた記者にこう語る。

「ヤジの元祖は明治41年、第25回議会の時の鈴木天眼が始まりだね。この人のヤジは学問があって、頓智《とんち》があって、ヤジが立派な文章になっていたよ」。

明治41年は天眼が初当選して議会に乗り込んだ年である。長年にわたって数多くの議員を見てきた老守衛長の記憶に、天眼のヤジがいつまでも鮮やかに刻まれているのだから、大したものである。それにしても、「学問があって、頓智があって、ヤジが立派な学問になっていた」という、そんなヤジを聞いてみたかったものである。

第5章　辛亥革命

　１９１１（明治44）年10月10日、中国長江中流に位置する湖北省の武昌で、清朝政府に反対する革命派兵士が武装蜂起、湖北省独立を宣言した。辛亥《しんがい》革命の勃発だ。この動きは一気に中国各地に波及し、12月までに中国本土18省のうち15省が独立を宣言する事態となった。日本の世論は革命派に同情を寄せ沸き立った。だが日本政府は、清朝支援のために武力介入すべきとする主張と、不干渉主義を貫くべきとする主張に挟まれて揺れ動いた。イギリスなど列強各国は激動する情勢の中で主導権を握ろうと、さまざまな思惑を持って革命の背後で暗躍した。

革命を応援する新聞

「革命です。革命が起きました」。天眼の弟、鈴木聞一《ぶんいち》が通信社からの一報を手に叫びながら駆け込んできた。聞一は母の再婚後に生まれた16歳下の弟で、この年、天眼が福島から呼び寄せたばかりだった。「湖北で革命派の兵士が反乱を起こしました」と興奮した表情で告げる。「そうか、ついに始まったか」と天眼は冷静に報告を受けたが、やはり興奮は隠し切れない。「それで孫文先生は今、どこにおられるか」と問うと、「それがまだアメリカに滞在中とのことです」と聞一。「それは残念だが、遠からず帰国されるだろう。あの方が帰って革命派を一つにまとめなければ、この革命の仕上げはできぬ」と天眼は腕組みをした。

「清朝政府軍もまだまだ手ごわいぞ。全力で革命を潰しにかかるだろう。ここは革命派に頑張ってもらい、孫文先生が帰国されるまで持ちこたえてもらわねばならぬ。我々も日本からできるだけの応援をしなければならんよ」。そこまで話した時、天眼は決然と立ち上がって宣言した。「今日から東洋日の出新聞を革命応援の新聞とする。革命派の戦いを紙面で応援するのだ。遠く離れた日本からではあるが、我々の熱烈な声援は必ずや中国の大地に届き、革命派兵士に助力するだろう」。

西郷四郎や福島熊次郎ら社員が続々と集まって来た。皆、まなじりを決している。天眼は一段と声を張り上げた。「この革命は中国民衆だけの戦いではない。日本国民にとっても、アジアの民衆にとっても必要な戦いなのだ。すなわち、この革命は我々の戦いなのだ」。翌日から東洋日の出新聞の紙面は中国の革命一色に染まった。

革命檄文を読む

天眼は意外な角度から考察を始めた。現地から入手した革命派の檄文を読み解き、革命指導者の思想や力量を推察しようというのだ。『革命檄文を読む』と題した論説で、天眼は、それらの文章の格調の高さを賞賛する。「さすが漢文本国の烈士の作だけあって、見事な文章だ。私は敬意を抱き、謹んで拝読した」。彼らはまず、清朝政府の腐敗に憤る言葉を連ねる。これに天眼は「もっとも千万である」と同意する。また彼らは革命の目標が共和主義と民主主義であると宣言する。それを中国古典や近代西洋思想を引用し、世界情勢を分析しながら明快に示していく。革命動乱のただ中で書いたとは思えぬほどの理知的な文章である。天眼は「革命党、なかなか本格的にふるっているではないか。世界を見る目が確かである。それを表現する文章も、大義名分を明らかにしながら、一分の隙もなく論理を展開していく素晴らしい出来栄えだ。彼らの力量、見上げたものである」と舌を巻く。

そこで腹が立つのは、革命に命を懸ける中国の青年たちがこれほど優れていることなど思いも寄らずに、遠く日本から彼らを見下し、冷笑的に高みの見物を決め込んでいる日本人が多いことだ。天眼は怒る。「笑わせるぞい。日本人は『支那問題を解決する』などと大言壮語するが、中国革命党のように旗揚げの勇気から、仕事の迅速、そして民衆統治と外交努力の周到さまでを兼ね備えて、あれだけ見事にやってのけることのできる政治家や博士殿が、果たして日本に何人いると言うのか。うけたまわりたいものだ」。日本人は中国人を知らなさ過ぎる。「中国人を見下して来た軽薄な日本人たちは、今度こそ、『革命党の世界眼には恐れ入りました』と言うがよろしい」。中国の革命家の姿を見て、日本人はまず、己を省みるべきなのだ。

天地の道徳に従い、革命を支援する

天眼は革命動乱の根本動機は「物質問題にある」と見た。中国の地方資本家は欧米列強から鉄道利権を取り戻す「利権回収運動」に全力を挙げてきた。ところが、せっかく回収した利権を清朝政府が「鉄道国有化」の名目で再び取り上げ、これを担保に列強から借款を受けようとしている。清朝は借款で財を蓄え、列強は莫大な富を生む鉄道利権を獲得する。国民から財を奪い、清朝と列強で山分けする計画だ。これに地方資本家、さらには国民すべてが反発するのは当然である。

天眼は「地方の富豪が北京朝廷に愛想を尽かして、革命派を応援する動機はここにある。国民も怒って革命派に付く。すなわち、国民の生活意識から本能的に湧き出した『普遍的不平』が反乱の動機として根差してしまったのである。ゆえに、その根本的解決まで革命は止まらない。天下の富を独占する政府を根本から打ち壊す必要に迫られているのである」。

その革命の大義を日本人も理解している。「絶体絶命の窮状から志士が奮起した武力使用の革命である。応援しないわけにいかない。献身報国、至誠天を動かすに足る志士が、国を救おうと立ち上がった義挙であると知っているからこそ、我らは天地の道徳に従い、彼らに同情し、支援するのである」と天眼は高らかに謳い上げる。

革命の行方に不安も

それでも、天眼は二つの懸念を抱いていた。一つは、日本政府が清朝政府を守るために官軍に軍事支援を行うのではないか、という懸念だ。実際にも日本政府は、中国に共和制国家が誕生すれば日本の立憲君主制を揺るがす恐れがあるとして、イギリスに革命への共同干渉を申し出た。だが、中国に権益を持つイギリスが申し出を拒否したため、日本介入の事態は、ひとまず回避された。それでも革命を嫌う山県有朋ら政治、軍の上層部に介入をうかがう動きが絶えなかった。

天眼は介入阻止を訴えて「厳正中立」を求める論陣を張った。「厳正中立とは、他人の家の事にみだりに干渉して、生まれたての革命党を無理に叩き伏せるような非道な振る舞いを禁じることである」。結局、西園寺公望《きんもち》内閣は不干渉主義を貫いた。天眼はそれを評価して言う。「国民の世論が政府を掣肘《せいちゅう》し、イギリスも武力介入を拒否したので、革命党打ち潰しを狙う山県有朋ら長州系老人連の注文は通らなかった。かなり危うい時もあったが、西園寺内閣の平和主義のおかげで回避された。今度ばかりは西園寺さん、なかなか、でかした」。

もう一つの懸念は、引退していた袁世凱《えんせいがい》を清朝政府代表として表舞台に引き出し、革命派と清朝政府の和睦、南北和議を演出しようとするイギリスの思惑である。天眼は袁世凱を「大戦争の呼び出し人足」と呼び、信用できない人物と見ている。イギリスの思惑は、袁を操りながら南北和議に持ち込んだ上で、革命派と清朝政府の勢力の均衡の上にイギリスが君臨することだ。複数の現地勢力を対立させ、その力の均衡の上に君臨するという手法は、イギリスの伝統的な植民地政策である。「インドでやったことを、中国でもやろうとするのか。虫のよい、子供だましの注文じゃ。イギリスの計略に乗せられてはならんぞ」と天眼は警告し続けた。だが、革命軍の力不足もあって、事態は危うい方向に進んでいく。

西郷四郎、革命現地に向かう

革命勃発の知らせを聞いて、東洋日の出新聞は直ちに、西郷四郎を現地特派記者として派遣することを決定した。中国の革命はアジアの歴史の大転換点となる出来事だ。アジアの未来を思う新聞として、現地取材は当然の課題で、その任務に西郷は適任だった。武昌蜂起から9日後の10月19日、西郷は長崎から上海に向かう汽船に乗り込んだ。

武漢観戦通信

西郷四郎は上海から海岸沿いに北上して揚子江に入り、内陸へと遡って激戦地、武漢（武昌、漢口、漢陽）へ到着、取材を開始した。現地から送った記事『武漢観戦通信』は10月30日から12月19日まで計16回にわたって掲載された。

西郷は、まず漢口で、激戦のあった停車場に行き、鉄路に累々と横たわる死体を見て絶句する。「この悲惨な情景は筆舌に尽くし難い」と凄惨な戦争の現場を見て息を呑んだ。死体は皆、革命軍兵士だった。そこで、清朝政府軍（北軍、官軍）の部隊を視察した。すると、ドイツの軍人３人が赤十字の徽章を付けて砲撃を指導していた。官軍に対するドイツの軍事支援の現場を目撃したのだ。「砲煙濛々《もうもう》、砲声轟々《ごうごう》、百雷が一時に落ちたような凄まじさだ」。官軍部隊を視察中、革命軍から撃ち込まれてきた砲弾が至近距離の建物に落ち、崩壊させた。その距離30メートル近く。命懸けの取材となると予感させる出来事だった。

負傷兵も多く、官軍兵士はドイツの病院に、革命軍兵士は日本の病院に収容されていた。租界の外国人にも危険が迫る。「列国の婦女子は租界から全員退去を命じられた。もう安全な場所はないようだ」。砲撃戦が続き、市街戦の銃声も絶え間なく聞こえる。官軍制圧の市街に入る。官軍が「敵兵捜索」に名を借りて民家に押し入り、略奪をほしいままにしていた。流れ弾に当たって道路に倒れたままの市民もいる。悲惨な光景が広がっていた。

革命軍の支配地域に入ると、雰囲気が一変する。道路の要所に、黒い洋服に紅白の襷をかけ、胸に「敢死隊」と書いた標章を着けた「少壮血気の勇士」が立っている。学生の志願兵のようだ。その前を西郷が「辛苦《シンクー》、辛苦」（ごくろうさん）と労《ねぎら》いの言葉をかけながら通ると、彼らも満足そうな表情で敬礼を返す。皆、「昂然たる意気が眉宇《びう》の間に表れ、『斃《たお》れし後已《や》む』の決心あることが、うかがえた」。

若き革命軍兵士たちの決然として確信に満ちた表情が目に浮かぶようである。

革命軍司令部が置かれている四官殿の門前に到着した。負傷兵の搬送、伝令騎兵の疾走、弾丸硝薬の運搬、捕虜の尋問などで、大変な混雑だ。西郷は革命軍の勇戦奮闘の慰問に来たと告げた。すると彼らは大いに喜び、「厚情に感謝する。百万の援兵に勝るほど心強い」と礼を述べた。筆談ではあったが、彼らの応接の言葉や態度も素晴らしい。革命軍指揮官たちの、若いながらも識見と勇気を兼ね備え、かつ礼節をわきまえた立派な態度に感心した。

凄惨な光景を見た。官軍が民家に放火する焼き打ち策を採って、市街を火の海にした上で、一斉攻撃を掛けてきたのだ。風に煽られ、火勢は増すばかり。40万以上の市民が暮らしていた街の大半が焼き尽くされ、なお炎は天を焦がし、非常な勢いで延焼しつつある。焼き打ち策で被害を受けるのは一般市民だ。西郷は戦争の悲惨を目の当たりにして呆然とする日々を過ごした。

日本政府は役割果たせ、と現地から提言

革命勃発は歓迎するが、戦いの現実は悲惨だ。革命軍、官軍双方の兵士に加え、

無辜の市民が日々、犠牲になる。この戦いを一刻も早く終わらせなければならない。現地でそう痛感した西郷は、日本政府に和平実現に向け外交努力を始めるよう求める提言を長崎へ送った。この原稿に天眼は『漢口の流弾中より』の題を付け、東洋日の出新聞1面トップに掲載した。西郷は「革命は時代の流れであるから、戦いを続けて犠牲を増やすのは無意味であり、日本が仲介して早急に和平を実現すべき」と説く。だが、日本政府は清朝政府に配慮して革命派を忌避し、和平への役割を果たそうとしない。「これでは国家百年の大計を誤る。日本政府は役割を果たせ」と西郷は迫る。革命現地から故国日本に送った西郷の必死の訴えだった。

戦場が見渡せる蛇山に登って戦況を確かめた。「両軍が撃つ無数の砲弾が、大粒の雹《ひょう》が降下してくるように長江の水面に降り注いで水煙を上げる。すこぶる凄愴な光景である」。山を下ると、右往左往する兵士や市民で道路は大混雑していた。都督府の前で、黄興《こうこう》付きの給仕の少年が負傷して車で搬送されてきたところに遭遇。話を聞くと、戦況は極めて不利で、総指揮官の黄興も既に退却中という。

西郷は耳を疑った。「大別山では学生決死隊３００人、漢陽城でも精兵２０００人が死守しているというのに、総指揮官たる黄興が逃げ出してどうするか、甚だ理解に苦しむ」。西郷は憤激しながらも、「黄興ほどの人物だ。必ず再起すると信じて、その日を刮目して待とう」と気を取り直して先へ進む。

戦場を駆け巡るうちに、西郷は持病のリューマチが悪化して、体が思うように動かなくなった。それでも力を振り絞って都督府を訪ね、新都督、譚延闓（前諮議局議長）に面会を申し込むと快諾を得た。革命軍士官の通訳を交え、話を聞く。漢陽の敗北にもかかわらず、不屈の闘志が感じられた。西郷は譚を「確固不動の決心と覚悟を持っている気配が、語勢や表情に現れ、実にたのもしい」と評す。そこで単刀直入に尋ねた。「袁世凱をどう思うか」と。そう問う言葉に、南北和議をもちかける袁世凱を信用して大丈夫か、との懸念がにじむ。譚新都督の答えは冷静なものだった。「彼が権謀術数の人であることは承知している。だが、清朝政府に彼以外にこの難局に当たる能力を持った人物がいないのも確か。ゆえに、彼の和議の申し込みを受け、彼を交渉に引き入れることは、事変の終局のためにも、四億の同胞のためにも有用な策であろう。彼が大統領の地位を望むならば、我々は拒むことはしない」。

これだけ聞けば、もう他国の人間が口を挟む余地はない。西郷は新都督に「天が、あなたたちに味方するでしょう」と激励の言葉を述べた。新都督も西郷に「遠来の労と、激励の厚情に感謝する」言葉を返した。別れ際、西郷は革命軍の幹部たちと記念写真に収まった後、新兵の訓練を見学した。「一、二、三」の号令に日本語を使用しているのが驚きだった。

帰国の時が来た。もっと中国に留まって革命の行方を見守りたい。だが、健康が許さない。無念であるが仕方ない。今はただ、この燃える思いだけを中国の大地に置いて日本へ帰ろう。西郷は約2か月の現地取材に終止符を打ち、揚子江を下る船に乗り込んだ。

涙、涙の壮行会　～中国人留学生、革命の祖国へ

革命の動乱に巻き込まれた祖国を案じて、日本在住の留学生が続々と帰国を始めた。長崎では、長崎医学専門学校（長崎医専）の中国人留学生らが、医療の知識を生かして赤十字隊で活動するために急きょ、帰国することになり、学校で壮行会が開かれた。

赤十字とはいえ、銃弾、砲弾が飛び交う中での危険な活動だ。留学生らは悲壮な面持ちで日本人学生らに別れを告げ、送る方も、送られる方も、涙、涙の壮行会となった。

革命勃発から1か月余り後の11月16日、長崎医専校庭のイチョウの大木の下に、この日、上海行きの船で帰国する留学生23人（さらに4人が次便に乗船予定）と、送る日本人学生らが向き合うように座った。最初に田代正校長が壮行の辞を述べる。「諸君が故国の重大事に際して赤十字隊に参加しようとする気持ちは、汲んでも余りあるほど崇高である。どうか自重して、身の安全を保ってほしい。

諸君とこの校庭で再会できる日の近いことを望む」と、教え子の安全を祈る教育者としての思いをにじませた。

続いて日本人学生代表が「机を並べた諸君を赤十字隊として送るのは、我らの歓び。どうか本校で学んだことを生かして、人道のために尽くしてほしい」と涙ながらに送辞を述べた。次に留学生代表の張楷君が落ち着いた流暢な日本語で答辞を述べる。「我々一同、力の限り尽くすつもりだ。どうか安心してほしい。革命戦が終わる日が来れば、直ちにこの校庭に戻って来て、諸君とまた楽しく談笑したいと思う」。感謝と決意を表情に浮かべながら、慎ましやかに述べるその目には涙が湛えられていた。

今、革命動乱の渦中に身を投じれば、その若い命の多くは中国の大地に吸い込まれ、生きて帰って再会することは、おそらく不可能だろう。それが分かっているから、送る方も、送られる方も、泣くのである。取材に訪れていた東洋日の出新聞記者も激励のあいさつをした。

留学生らは全校生徒に囲まれるようにして長崎港の船着き場、大波止まで歩く。そこに清国領事館の楊領事や華僑の人々が駆け付け、激励する中、留学生らは団平船に乗って、港内に停泊する日本郵船の筑後丸に向かう。東洋日の出新聞記者も団平船に同乗して筑後丸に着くと、船内は既に東京、神戸から乗り込んでいた留学生約１００人や日本人客で満員の状態。三等室には、わずかのすき間もなかったため、急きょ、荷物室に畳を敷き、そこに長崎からの一行は落ち着いた。狭い所だが苦にもせず、嬉々として懐中電灯を照らしながら、荷物を入れた行李の整理に忙しかった。まるで修学旅行に出かける生徒たちのような賑やかさ。彼らは一途に未来を信じていた。

出港の時間が迫った。記者が下船するため甲板に出ると、留学生が整列し、別れのあいさつをしてくれた。さらにタラップを降りて乗り移った艀《はしけ》が本船を離れ始めた時、船上から大きな声がした。答辞を述べた張楷君だ。彼が音頭を取り、皆で「東洋日の出新聞社、万歳」と三唱した。手に手にハンカチ、帽子を持って振る。記者も「元気で」と叫ぶ。船が遠ざかる。留学生はいつまでも手を振っている。記者の目に映る若者たちの姿は涙でにじんでいた。

革命に沸く長崎

祖国に燃え広がった革命の炎を見て、長崎在留の中国の人々は喜びに沸き立った。1911（明治44）年12月10日には、革命の前途を祝福する大提灯行列が催され、子どもからお年寄りまで、こぞって長崎市新地の中華街に繰り出し、一帯は熱狂的な祝賀気分に包まれた。主催者たちは東洋日の出新聞に掲載された革命歌を覚えるために、新地の寺に集まって練習を重ねた。当日の行列の先頭では、少年少女が革命軍に扮して行進した。少年は兵士、少女は赤十字看護婦の装いだ。続く音楽隊が力強く演奏する。祭りのような賑やかさであった。

長崎の中国人たちは革命軍への義援金を募り、上海行きの船に託した。このとき、上京中の天眼も彼らに義援金を託し、電報で祝意を示した。「壱百円、電報為替を送りました。上海に送る義援金に含めてください。日本で一番、貴国と縁が深いのは我が長崎であります。よって、長崎市民の一人として人情の印まで」と真心を込めた電文だった。

孫文が天眼の自宅を訪問

「天眼さん、孫文先生をお連れしました」。宮崎滔天の並外れて大きな声が、長崎市の鈴木天眼の自宅玄関に響く。病気療養中で床に伏していた天眼が起き出して玄関に出ると、大柄の滔天の後から、小柄だが堂々たる風格の男性が顔を見せた。中国語で「天眼先生、孫文と申します」と名乗り、「革命応援のお礼と、病気お見舞いに上がりました。お目にかかれて光栄です」と丁寧な言葉遣いで来意を告げる。通訳の戴天仇《たいてんきゅう》が流暢な日本語で、その意を伝えると、天眼も恐縮して「わざわざ来訪いただき、こちらこそ光栄です。革命成就、本当におめでとうございます」と礼を述べた。それを孫文は穏やかな笑顔で聞いている。天眼は「これが中国革命の立役者と呼ばれるお方か。天地を揺るがす動乱の中を生き抜いてきた豪傑とは思えぬほど優しく温かな笑顔じゃ。まるで春風のようなお方ではないか」と感心しながら、「どうぞ、ゆっくりされて行ってください」と中へ招じ入れた。

革命成功で中華民国が誕生して1年3か月後の1913（大正2）年3月。革命指導者、孫文が日本を訪れた。中華民国臨時大総統の地位は1年前に袁世凱に譲っていたが、なお鉄道大臣の要職にあり、政府閣僚としての公式訪問だ。政府は国賓級の待遇で迎え、国民も熱烈に歓迎した。その旅の終わりの3月22日、長崎から上海行きの船で帰国する前日に、講演や歓迎宴などで忙しい日程の合間を縫って、孫文はわざわざ天眼の自宅を訪ねて来たのである。

孫文は「鈴木天眼先生や東洋日の出新聞の皆さんが、日本から新聞で革命を応援してくださったことは、犬養毅先生や宮崎滔天先生から、いつも聞いておりましたので、ぜひ直接おうかがいして、お礼を申し上げたかったのです」と重ねて感謝の言葉を述べ、「お礼の印に」と言って、『引賢救失』の書を天眼に贈った。添え書きに「東洋日の出新聞社が、長崎医学専門学校の中国人留学生で組織する赤十字団の帰国を鼓吹し、賛助してくれたことを『格別に徳の盛んなことである』と感じ、特に四字を書して贈る。孫逸仙」とあるから、『引賢救失』は「優れた学生たちを率いて赤十字団として帰国させることに東洋日の出新聞社が一役買ってくれたことが、革命達成に大きく貢献した」という意味で、革命への東洋日の出新聞の協力に感謝を伝えるのが寄贈の趣旨のようだ。

天眼が「このたびの革命の大事業は、日中両国民にとって非常に大きな意義を持つと考えております。これからも、日本人と中国人は平等・互恵の精神を守って、良き隣人、良き友人であり続けねばなりません」と語ると、孫文も満面の笑みを浮かべて、うなずいた。

天眼の自宅前で記念写真を撮った。中央に孫文と天眼が立ち、天眼の妻タミ、西郷四郎、福島熊次郎、宮崎滔天などが勢ぞろいして、誇らしそうな顔で写っている。それが本書巻頭の写真である。

翌日、孫文が上海行きの船で長崎を出発するこの日に合わせて、東洋日の出新聞1面に天眼はこう書いた。「中華民国の大平民、孫文氏はなんと天に恵まれたお方であろうか。そして、天も人も共に味方するこの偉人を迎える機会を得た長崎は、なんと幸多き郷《さと》であることか。我は春風をもって旅立つ孫氏への餞《はなむけ》としたい」。歓迎の意は最大級の賛辞で表された。

孫文を乗せた船は盛大な見送りを受けて出港した。この時、孫文の耳には、上海で同志宋《そう》教仁《きょうじん》が暗殺されたとの知らせが入っていたから、気持ちはもう上海に飛んでいたであろう。

第6章　大正デモクラシー

白バラの花かんざし

1913（大正2）年2月、女学生が集まる講演会場に、天眼は一輪の白いバラを携えて現れた。その白バラをかざして言う。「皆さん、今、日本で、白いバラは新しい政治の象徴となりました。希望の象徴となったのです」。それはどういう意味だろう、と首を傾げる女学生たちに、天眼は大正政変の経過を語って聞かせた。

前年の1912（大正元）年12月、陸軍二個師団増設を拒否した西園寺公望内閣が総辞職に追い込まれた後、藩閥、軍閥、官僚閥など閥族の代表格、桂太郎が首相に就任した。これを閥族政治の復活と見た世論は激高し、「閥族打破、憲政擁護」を掲げて桂内閣打倒を目指す憲政擁護運動が高まった。事態打開のため桂内閣が議会停会を繰り返すと国民の怒りは頂点に達し、13年2月10日、護憲派議員を支持する数万の群衆が議事堂を取り囲む事態となった。このとき、護憲派議員は胸に白バラを着けて議場に臨んだ。この結果、桂内閣は同11日、組閣から2か月足らずで総辞職に追い込まれた。憲政擁護を叫ぶ国民の世論が、旧来の閥族政治に勝利した。これが大正政変だ。以来、白バラが護憲の象徴となったのである。

天眼はこの政変を「政治史の新紀元」、すなわち日本政治史上の画期的出来事と評価し、その理由を「国民が依拠する道理の力が、ついに非道の暴政を打ち砕いたから」と説明する。「道理の力」とは憲法に基づいて政治が行われることである。「非道の暴政」とは憲法を無視して一部の特権階級、閥族が好き勝手に政治を動かすことである。大日本帝国憲法は１８９０（明治23）年11月に施行されたが、憲法に立脚した政治が行われたことはなく、有名無実であった。それが今回の政変で、憲法政治実現の道を国民の手で切り開いたのだ。「今、初めて憲法に魂が入ったのです。『我は憲法国の国民である』と胸を張って言えるようになったのです。だから、憲法政治の象徴となった白いバラがまぶしいのです」。そう言って天眼は女学生たちに、こう勧める。「令嬢諸子よ。皆さんも、どうぞ白バラの花かんざしをお挿しなさい。そして自分は憲法を大切にする国民であることを示すのです。新しい時代を担う若い皆さんには白いバラこそがふさわしい」。

天眼のデモクラシー賛歌は続く。女学生たちは目を輝かせて聞いている。「時あたかも大雪。山河大地は一白皓皓、真っ白に輝いて俗権の汚れをあざわらっていた。その白は憲法政治の象徴、白バラの白です」。そして春は近い。「大雪を名残に暴虐の冬は謝し、平和人権の春風吹く季節が来れば、真っ白なバラの花かんざしは一層、皆さんに似合うことでしょう」。

男女合わせて人間である

講演で天眼は、女性の政治参加を実現すべきと強調した。理由はこうだ。「男女合わせて人間である。世の中の半分は女性で、女性がいるから男性もいる。この世は男女の共成なのですから、男女は同格なのです。にもかかわらず、男性だけが政治に参加できて、女性が参加できないのは、おかしいと思いませんか」。

大正時代の女性は政治参加の道が閉ざされていた。婦人参政権がないどころか、政談集会への参加すら治安警察法第5条によって禁止されていた。政治的発言の自由が全くなかったのである。このため平塚らいてう、市川房枝らが率いる新婦人協会などが先頭に立って同法改正に取り組み、部分的ながら女性が政治的自由を手にするのは1922（大正11）年になってからのことだ。その9年前の大正政変の頃は、女性の政治参加はまだ社会的議論になっていなかったが、天眼は早くもその必要性を説き始めていた。

天眼は「女性は辟世（へきせい・ひせい）の目である」と言う。論語の「賢者辟世」（賢者は世を避ける）を援用した言葉で、利害関係、主従関係など雑多なしがらみで、がんじがらめになった男性社会から一歩、距離を置いた「賢者の目」で女性は世の中を見ることができるという意味だ。女性こそが社会を客観的、総合的に観察できるわけで、だからこそ、社会の発展のためには女性の目を通した提言が不可欠なのである。ただ、女性がそれを自覚しなければ、その役割も果たせない。天眼は「女性が社会における役割を自覚しなければ、この世は憂苦と恐れで塞がれるだろう」と警告する。

その上で、20世紀を迎えた日本の政治の現状を憂慮し、「女性が政治的に目覚めなければ、男性社会の暴走を抑えられない」という。金儲けや戦争などによる社会の混乱は、物欲、権力欲をむき出しにする男性社会の論理がもたらしたものだ。「それを制御できるのは、男を睨む女性の真っすぐな視線です。女性にはぜひ、男性と同格の立場から、道を踏み外した男社会を制裁する役割を果たしてほしい。そのためにも、政治参加の促進が必要なのです」。

しかし、女性の社会進出を阻む要因は他にもある。女性の在り方について、男社会が作り上げた固定観念が女性の意識を縛り付け、不自由を強いている問題だ。天眼は「そんなゆがんだ固定観念は振り払って、自由に生きなさい」と言って聞かせる。

その一つが、容姿を気にする風潮だ。男たちがそんな話ばかりするから、女性も気に掛けるようになってしまう。これに対し、天眼は「男どもが言う外面の美など、『見越しの松』程度の話に過ぎない」と切り捨てる。ちょっとした外見の印象をあれこれ言う話は、通りがかりの家の「見越しの松」をあれこれ言うのと変わらない。そんなものは気にする必要はないのである。「見越しの松の類《たぐい》の美は、女性が人格的に獲得した美ではない。そんな美は『空虚な属性』に過ぎない。他人から見られて美などというものは、本質的には用のない美であり、思想の低級に属するもの」と言い切る。女性が自身を「見越しの松」に貶《おとし》めてはならないのである。その上で天眼は「女性は内面の美を追求すべきだ。自分の努力で獲得した内面の美にこそ、自信を持ってほしい」と呼びかけた。

もう一つの女性を縛る固定観念は「子どもを生むのが女性の役割」という決め

付けだ。これに対しても天眼は「女性は産児器械ではない」と言い切る。本来、女性は多様な役割を果たすことができるのに、女性に子どもを生む役割しか与えない男社会の価値観の方が間違っている。女性もそれに甘んじてはならないのだ。「女性が現状のように産児器械であることに甘んじ、社会における多様な貢献を閑却している限り、社会は進歩しないのである」。

女性はもっと自由に生きるべきだ、自由に生きる権利がある。これまで誰からも聞いたことのなかった話を、今、目の前で鈴木天眼という人が、私たちに一生懸命、語り聞かせてくれている。聴講する女学生たちの胸に熱い思いがあふれてきて、瞳がさらに輝いた。

オーストラリアで国家と個人を考える

オーストラリアに旅をした。1914（大正3）年1月から往復2か月の長旅だ。辛亥革命報道で体力を消耗し、東京で寝込んでしまったので、地元長崎に帰っての選挙運動が全くできず、1912（大正元）年5月の再選を目指した衆議院議員選挙は落選した。おかげで議員と東洋日の出新聞社長兼主筆の二足のわらじの生活から解放され、新聞の仕事に専念できるようになった。この際、さらに見聞を広めようと、未見の国オーストラリアに向かったというわけだ。

オーストラリアに来て感心したのは、みんな陽気で親切という点だ。「豪州人は誠に親しみやすい」「交わってみると、男女共に良い人ばかりだ」と感じ、訪問前に抱いていた不安は消し飛んだ。不安とは、人種差別的な白豪主義を掲げるオーストラリア政府が移民制限法を制定してアジア人排斥機運を強めていたから、天眼一行も非友好的な態度で迎えられるのではないか、との心配である。ところが現地に来てみると、そんな心配は無用で、むしろ親日家が多い。不思議に思った天眼が親しくなったオーストラリア人に尋ねてみると、「それは国と国の問題だろう。国同士が問題を抱えているからと言って、君と僕が友人になることに何か支障があるかい。政府は排日でも、僕は親日さ」と平然と言う。この答えに天眼は驚いた。「そうか、国家と国民は別物なのか」。それは天眼がかねて主張してきたことであったが、こうして人前で堂々と述べる他国の人を見ると、改めて新鮮な響きがあった。

日本人は、国家と個人を同一視する傾向が強い。日本政府が他国を敵視すると、日本国民も一斉にその国を敵視するようになる。常に個人が国家と一体化しようとするのだ。これは間違いだ、と天眼は言い続けて来た。なぜなら、「国家は人生のすべてではない」からだ。国民一人一人の生活から見れば、国家は「人生の一部」ではあるけれども、決して「人生の全部」ではあり得ない。「国民があってこそ国家があるのじゃ。その逆ではないぞ」と天眼は力説して来た。ところが、この当たり前のことが、最近の日本人は分からなくなっており、「国家のみあって国民は目に入らぬ」と言わんばかりの国家主義が広がっている。

いつから、日本人はそんな非常識な考え方を受け入れるようになったのか。「日露戦争の勝利に驕ってからじゃ」と天眼は見る。「藩閥、軍閥、官僚閥の閥族が日露戦争勝利の栄光を背に、国家主義という国家全能の思想を振りまいて、自分たちの権力強化に利用した。一方、国民も閥族による教育に感化されて、勝者崇拝の奴隷根性を植え込まれたから、『国家がすべて』という思想を疑いもなく受け入れるようになった。これは閥族政治の弊害じゃ」。

天眼は「国家主義の中毒」が日本人を冒し始めていると見る。問題は、国家主義では国が滅びる、という点だ。「国家主義では、国の興隆も速いが、滅亡も速い。そんな例は世界の歴史に枚挙にいとまがない。なぜ、歴史に学ばないのだ」と天眼は怒る。

オーストラリアの広大な大地を移動しながら、天眼は日本の政治に思いを馳せた。日本で勇ましく国家主義を吹聴しているのは、自分は安楽な暮らしをしながら観念論をもてあそぶ者ばかりだ。そんな連中が国を危うくする。「貴族院などで国家主義に耽溺する連中は今すぐオーストラリアに来て、厳しい自然の中で働く開拓民として人生を出直すがいい。そうすれば自分の浅はかさに気付くだろう」と天眼は、はるかかなたの東京に向かって吠えた。

教育勅語の政治利用を批判

「息苦しい世の中になったものだ」。天眼が苦虫を嚙みつぶしたような表情で、若い大浦記者の前に新聞を広げ、一つの記事を指差した。それは「火事の学校から、校長が御真影を運び出そうとして焼死」という悲劇を伝えていた。学校に保管されている御真影、すなわち天皇の写真を、校長が命懸けで取りに行こうと炎の中に飛び込み、火に巻かれて死んだ事件だ。過去には、火災で御真影を焼いてしまった校長が割腹自殺する事件も起きている。

当時、既に各学校に御真影と教育勅語が配備されており、教師、生徒そろって御真影に拝礼し、校長が教育勅語を奉読することが最も重要な学校行事になっていた。御真影と勅語の管理責任は校長にある。そこで校長はこの二つを命懸けで守らなければならない、と思い詰める心理状態に陥っていた。また「校長は命に代えても守れ。守るのが当然で、守らないのは不敬」と断じる世論の圧力も強まっていた。さらには、天皇の写真が掲載された新聞をゴミ箱に捨てた人を咎め立てする投書が新聞に載り、新聞が一緒になって「不敬糾弾」を始めた事例もあった。そうした風潮が校長焼死事件の背景にある。

これに対して天眼は「お写真はお写真、新聞は新聞、共にあくまで物であって、天皇ご自身ではない。ならば、物より校長の命の方が大切なことは自明の理だ。それを逆さに考えるような間違った風潮は改めねばならん」と、きっぱりと言い切った。

さらに天眼は、政府が学校に指導している教育勅語の取り扱い方法が根本的に間違っている、と一段と怒りのこもった声で言う。「取り扱い方法が間違っている、と言いますと?」。大浦記者が一体、何を言い出すのだろう、という感じで首をひねる。

天眼の主張はこうだ。教育勅語は道徳の教えである。道徳の教えならば、人の道を理路整然と説いて聞かせて、納得させるのが唯一の方法である。ところが現実は、道徳の教えとは無関係の所で、ひたすら厳粛な儀式を挙行することだけを追求する形式主義がまかり通っている。本末転倒である。この転倒は1891(明治24）年の内村鑑三不敬事件から始まった。学校での教育勅語奉読式で、勅語に添えられた天皇の署名に対する敬礼の際に、クリスチャンの内村の頭の下げ方が足りなかったとして「不敬」と大騒ぎになった事件である。以降、奉読の儀式は全国どこでも厳格を極めるようになると同時に、教育勅語に関する一切の論評がタブー視されるようになった。その風潮に抗《あらが》って天眼は批判を強めたのである。

天眼は怒る。「学校現場では、教育勅語をうやうやしく取り扱うことばかりが厳しく指導されているらしい。しかし、教育勅語は宗教経典でもなければ御神体でも連隊旗でもないぞ。取り扱いばかり気に掛けてどうするのだ」。そして天眼はこう断言する。「要するに、これは『教育勅語を神典と仰げ』と生徒に号令を掛けながら、服従精神を叩き込むための号令教育なのだ。閥族政府が号令教育推進のために教育勅語を都合良く利用しているだけなのだ。天皇の名を持ち出せば皆、服従すると分かっているからな。天皇を政治利用しようと企むのだから、閥族政府こそが不敬じゃ」。ますます怒りを募らせる天眼は「よし、今日の論説で、このことを書くぞ。閥族の邪悪な企みを暴いてやるわい」と宣言した。

天皇神格化政策に反対する

するとうつむいて聞いていた大浦記者がおずおずと口を挟んだ。「鈴木社長のおっしゃることはよく分かります。だけど、何もわざわざ天皇様に関係する記事を書く必要はないのではありませんか。私らは、記事で天皇様に触れること自体が畏れ多いと感じております。ましてや社長が御真影や教育勅語と結び付けて政府や世間を批判するような論説を書くなど、聞いただけで恐ろしくてたまりません」。

「そこじゃ、大浦君。そこが閥族政府の狙い目なのじゃ」。いきなり天眼が大声を出したので、大浦記者は飛び上がった。かまわず天眼は続ける。「天皇について語る時、閥族政府の者たちは必ず『畏れ多い』とか『畏れ多くも』とか一言わざと付けるのじゃ。すると国民の意識にそれが浸透して、いつの間にか、天皇について語ることが恐ろしい、という観念が植え付けられる。そうすると、天皇の威光を背に活動する政府、官僚、軍人に対しても『恐ろしい』『逆らえない』という観念が浸透してくる。それが閥族の狙いじゃ。天皇を政治利用して自分たちが好き勝手に権力を振るおうとしているわけだ。しかも、天皇の名を借りて政治を行うから、責任を問われることもないだろうとの計算までしているから悪質だ。明治天皇崩御の前後から政府が特に力を入れ始めたこの企《たくら》みを、私は閥族による天皇神格化政策と呼んで批判しておる。なかなか巧妙な悪だくみだから、油断はできんぞ」。

大浦記者は「でも、僕ら子どもの頃から二言目には『畏れ多くも』と聞かされてきましたから、社長がおっしゃるようなことは考えたこともなかったなあ」と、のんびりした口調で言う。天眼が言う。「それは君が明治後期の生まれで、最初から、そのように教育されてきたからじゃ。昔は違ったぞ。庶民は天皇のことを『天子様』と呼んで、安らかな気持ちで敬愛しておった。天皇は崇敬の対象ではあっても、恐れる対象ではなかった。それが閥族の策略によって、今は『天皇』と誰かが一言、言っただけで、その場のみんなが緊張するようになった。閥族の天皇神格化政策は国民と天皇との間を隔絶した距離にまで遠ざけ、その中間に閥族が割り込んで、天皇の威光を笠に着て国民に威張り散らすようにする仕掛けじゃ」。

大浦記者がまだ合点がいかないという表情で言う。「社長は天皇神格化政策とおっしゃいましたが、もともと天皇様は神様ではないのですか。だったら、神格化する必要はないのではありませんか」。天眼は答える。「大浦君、よく聞きたまえ。ご自身を神と名乗った天皇はいないぞ。天皇は古代より、民のために祖宗の霊に祈る存在であり続けた。祖宗の霊、すなわち天皇にとっての神だな。天皇は民のために神に祈るというお務めを代々、果たしてこられたのじゃ。それは一年通しての厳しいお務めじゃ。もし、ここで天皇を神とまつり上げてしまったら、『民のために神に祈る』という歴代天皇の尊い営みを無視し、ないがしろにしてしまうことにならんか。それこそ、歴代天皇に対して非礼であろう。閥族こそが不敬の総本山じゃ。けしからん」。天眼の怒りは止まらない。

天皇神格化の目的は憲法破壊

大浦記者がさらに質問する。「そうは言っても、閥族は既に十分、権力を振り回して、威張り散らしていますよ。この上、天皇神格化政策など進める必要があるのでしょうかね」。天眼は、ぽんと膝を打って答える。「うん、良い所に気付いたね。実はこれにには、さらに深い悪だくみがあるのじゃよ」。天眼が語気を強めた。「それは憲法を死滅させる企《たくら》みじゃ。際限なく権力を拡大させ、国民を奴隷のようにに服従させることを狙う藩閥、軍閥、官僚閥などの閥族にとっては、議会というものの存在が邪魔なのだ、その議会開設を定めた憲法が邪魔なのだ。議会がある限り、好き勝手をするにも限度がある。だから、議会を機能停止に追い込みたい、そのために憲法を破壊したい、というのが閥族の最終目標なのだ」。

「ふーん、閥族には憲法が邪魔なのですか。でも、それと天皇神格化政策と、どんな関係があるのですか」と大浦記者が問う。「さあ、そこからが奴らの悪だくみの本番じゃ」と天眼が座り直して言う。「日本の政治は大日本帝国憲法を基礎に運営されている。憲法はあらゆる法律の上位に位置する最高の権威を持つ法律だ。尋常の手段では、この憲法政治体制を覆すことはできない。そこで閥族が考えたのは、憲法の権威を上回る権威を持ち出してきて、その権威を振りかざして憲法を事実上、死滅させることじゃ。その『憲法の権威を上回る権威』とは、言うまでもなく天皇の権威じゃ。閥族どもは己の醜い権力欲を満たすために、天皇の権威を政治利用しようとしているのじゃ」。

「ちょっと待ってください、社長。大日本帝国憲法第1章は『天皇』でしょう。僕だって、そのくらいは知っています。だったら、天皇様も憲法と共にあらせられるわけではないですか。その天皇様を憲法破壊に利用するなんて理屈が合いません。むちゃくちゃです」と、今度は大浦記者が声を張り上げた。「その理屈に合わない、むちゃくちゃを押し通すための計略が天皇神格化政策なのだ。天皇を神にまつり上げてしまえば、神の権威の前には誰も逆らえないだろう、と閥族は計算したのだ。その計略は既に実行に移されておる」と天眼の方は重苦しい声になった。

天皇機関説論争

「大浦君、天皇機関説論争を知っておるかね」と尋ねると、「はあ、名前だけは聞いたことがありますが、中身は知りません」と頼りない返事が戻ってきた。天眼は「知っておかねばならんよ。日本の将来を危うくする要素を含んでおる問題じゃから」と前置きして、1912（大正元）年に起きた（第1次）天皇機関説論争について語り始めた。

1935（昭和10）年に憲法学者、美濃部達吉《みのべたつきち》博士の天皇機関説を右翼学者や議員、軍人らが攻撃して社会的に葬った「天皇機関説事件」はよく知られているが、その23年前の1912年に同じ構図で起きた第1次天皇機関説論争はあまり知られていない。天眼が生きたのはこの第1次論争の時代である。第1次論争は、東京帝国大学教授、美濃部達吉の天皇機関説と、同じく東京帝国大学教授、上杉《うえすぎ》慎吉《しんきち》の天皇主権説の対立として勃発した。美濃部の天皇機関説は、国家を法人とみなす国家法人説であり、天皇をその法人の最高機関と位置付けた上で、天皇も憲法の制約を受けるとした。これに対して天皇主権説を唱える上杉は、天皇は神であるから憲法を超越した存在であり、憲法に制約されないどころか、憲法を廃止することも自由であると主張した。また、天皇機関説の「機関」は政治学の学術用語であったにもかかわらず、上杉は「天皇を機関と呼ぶのは不敬」と言い立て、印象操作で論争を有利に導こうとした。だが、当時、美濃部の学説は学界で定着しており、上杉の激しい攻撃にもかかわらず、むしろ、美濃部の学説が一層、普及する形で、ひとまず終結した。

「ははは、さすがに、荒唐無稽な上杉説は世間に相手にされなかったというわけですね。よかった、よかった。これで心配はなくなりましたね」と大浦記者は安心し切った顔で言う。だが、意外なことに、天眼は深刻な表情を崩さなかった。

「だがね、大浦君。この話はそう簡単には終わりそうにないのだよ。上杉が仕掛けた論争は決して学術論争なんかではない。上杉の背後には、山県有朋を頭に仰ぐ軍閥など、独裁政治を企てる大きな政治勢力がある。彼らは『天皇親政』の名の下に憲法を空洞化させ、『閥族独裁』を実現しようと企んでおる。そのための第一着として天皇機関説を葬ろうと試みたのだ。すなわち、天皇機関説論争とは、憲法破壊を目論む閥族が仕掛けた政治闘争なのだ。上杉は軍閥に迎合して美濃部博士攻撃の急先鋒の役を担った『学賊』に過ぎない。閥族の独裁志向、憲法破壊の願望がある限り、同じような問題は繰り返し、引き起こされるだろう。非常に根の深い問題じゃ」。

「さらに、もう一つ懸念がある」と天眼は言う。「このようにして上杉が嘘八百を承知で美濃部博士に対して『天皇を機関とは何事だ。不敬だ、不敬だ』と言い募っていくと、なんとなく世間は上杉の方が『天皇に忠義を尽くす者』という印象を抱くようになる。そこが世論の怖い所だ。世論は理屈ではなく、感情で動くからね。だから、閥族の扇動に簡単に乗せられる。閥族は今後も憲法破壊の策動を続けるだろうから、今回のような論争を繰り返し、仕掛けてくるだろう。そうするうちに、どこかで突然、世論の風向きが変わり、理屈抜きの感情で憲法破壊者を支持することが起きないとも限らない。決して、そんなことが起きないように、私はこれからも天皇神格化政策を厳しく批判し続けていく決意である」。

しかし、当時、天皇神格化政策の危険性に気付いて警鐘を鳴らすジャーナリストは天眼の他になく、世論はあてどなく揺れ動くままに時が過ぎた。そして最初の論争から23年後、天眼亡き後の1935年、再び美濃部博士を攻撃する同じ構図の論争が起きた時、今度は理屈抜きの感情で動く世論の支持を受けた美濃部批判派の軍人、政治家らが博士の学説も学者生命も一挙に葬り去った。理性をかなぐり捨てた日本の政治は、そこから一気に日中戦争、太平洋戦争に突き進むことになる。

第7章　大アジア主義の旗

第一次世界大戦

「なんだと、ヨーロッパの戦争に、なぜ、極東の日本が参戦しなければならないのだ」。その第一報に天眼は我が目を疑った。「日本が参戦すべき理由はどこにもない。大隈重信内閣は、ただ戦争のために戦争をしようと言うのか。あまりに馬鹿げている」。

1914（大正3）年6月、オーストリア皇太子夫妻がボスニアのサラエボで暗殺された事件をきっかけに、ドイツ、オーストリアの同盟国と、ロシア、イギリス、フランスの連合国がヨーロッパの戦場で衝突する第一次世界大戦が始まった。その大戦に日本が8月、連合国側に付いて参戦することに決め、ドイツに宣戦布告したのだ。極東の日本が参戦した理由は、これをアジアにおけるドイツ利権を奪う絶好の機会と見たからである。

「金儲けのために他国の戦争に首を突っ込むとは、なんたる浅ましさ。大隈内閣の軽薄さは言語道断。日本の政治の道義は地に落ちた」。天眼はそう怒り、東洋日の出新聞に参戦批判を書き続けたが、全国の大半の新聞はそうではなかった。大隈内閣の参戦決定を全面支持したのだ。こうした新聞の倫理欠如にも天眼は怒った。「戦争を儲け事や御馳走のように書き段るとは、どういう神経だ。参戦すれば日本の若者が死ぬのだぞ。新聞記者ともあろうものが、戦争の犠牲が目に入らないのか。日本の新聞屋の時代愚ここに極まれりだ」。

政府は参戦決定と同時に、従来の財政緊縮方針をかなぐり捨て、軍事費大幅増の戦時予算に組み換えた。軍事予算確保のために減税・廃税の国民への約束も反故にしたから、国民の生活は一気に苦しくなった。その口実の常套句が「今は戦時だから」であった。「政府には国民も議会も眼中にないのか」と天眼は憤った。

それにもかかわらず、国民は戦争熱に浮かれてしまい、政府の政策の妥当性を考える冷静さは失われ、ただ戦局のみに目を奪われた。

対華二十一ヵ条要求を批判

「これは、他国の領土で我が物顔に振る舞うことを容認せよ、という要求だ。侵略に等しい要求ではないか。こんな要求を、武力で脅して呑ませようとするのか。大隈内閣は道を踏み外しておるぞ」。天眼は眉間にしわを寄せた。「大隈重信首相、加藤高明外相、真人間に戻れ」。怒りで思わず叫んでいた。

世界大戦への参戦翌年の1915（大正4）年1月、日本政府は中国の袁世凱政権に対して、いわゆる「対華二十一ヵ条要求」を突き付けた。計21項目の要求は1号から5号に区分されており、1～4号は「山東半島のドイツ権益継承」「遼東半島租借権や南満州鉄道権益の期限延長」など権益拡大に関するもので、5号は「中国政府の財政・軍事顧問に日本人を採用」という統治権への介入を目指すものだった。日本政府は5号の存在を隠して交渉を始めたが、中国政府は5号の内容があまりにも屈辱的であるため当初から要求を拒否。さらに5号の存在を国際社会に暴露して、要求の不当性を訴えた。

反発する中国政府に対し、日本政府は5号を削除した上で、5月7日、最後通牒を発して、残る1号～4号全要求の受諾を迫ったため、やむなく中国政府は同9日、受諾した。

天眼は当初、要求の5号が隠されていたため問題視せず、特に論評しなかった。ところが、5号の存在が明らかになって国際問題に発展し、これを日本の侵略的意思の表れと理解したアメリカが日本に質問を突き付け、受諾に傾く中国にも警告を発したのを見て、事の重大性を悟り、二十一ヵ条要求を出した大隈内閣への厳しい批判を開始した。

天眼は、二十一ヵ条要求は日本が中国を公然と「保護国扱い」し、日本が中国の「総後見人になる」と勝手に申し込むもの、と断じた。要するに、日本が中国で「我が物顔で振る舞いたい」という「過大な欲望」を恥も外聞もなく吐露したものである、と言い切った。この国家としての品位を欠き、国際社会の目を憚《はばか》ることもない傲慢不遜な態度は、大隈内閣の「軍国政策」の表現であり、このようなことを許してしまえば、中国だけでなくアジア全体が力の支配がまかり通る不幸な混乱に巻き込まれるだろう。「大隈重信伯の登場は、アジアを武断専制の私悪に引きずり込む『禍《わざわい》箱』なのである」と天眼は容赦なく大隈首相を糾弾した。

もう一つ、天眼が懸念したことがある。アメリカの強硬な反発だ。日本の対中国政策はアメリカとの協調が不可欠と主張してきた天眼にとって、アメリカの動向を無視した今回のような対中政策は無謀である。天眼は「北京の星雲はワシントンの蒼穹《そうきゅう》に読め」と警告した。日中関係と日米関係は直結するものとして考える必要があるのだ。にもかかわらず、大隈内閣はアメリカはじめ列強諸国の反応を完全に無視して、中国の「隷属化」に突き進んでいる。「これは将来に禍根を残すぞ」と天眼は心配したのである。

日本政府は武力を背景にした最後通牒で、いったんは中国政府を屈服させた。しかし、これは一時のことで、「長い歴史の中では、力づくの最後通牒が無意味な白紙になって日本に突き返される日が来るだろう」、そして「大隈内閣の中国政策が根底から見込み違いであったことが判明するだろう」と予言した。その意を、揚子江を擬人化して表現した。「我が物顔で振る舞う日本を、揚子江は冷笑さえしないほど全く気に掛けなかった。するとおりにさせておいて、終いに最後通牒の白紙往生という喜劇を演じさせるのだ。日本が我が物顔で振る舞うには揚子江は、物が過大なのである」。そして警告した。「大き過ぎる揚子江を、どこか一国の勢力が独占しようとしても無理で、そんなことを企てる者は皮肉の魔神に祟られる」。

歴史は天眼の予言通りに展開した。「過大の欲望」を抱き、「我が物顔」で踏み込んだ中国の広大な大地で、その後、遠からずして、日本国が丸ごと立ち往生することになる。

逆上せる大日本主義

対華二十一ヵ条要求を天眼は厳しく批判した。だが、これは孤立無援の少数意見で、世のほとんどの新聞は当初から一貫して政府の要求突き付けを全面支持したのである。さらに、政府が5号を削除して要求を認めさせたことが判明すると、これを弱腰外交、国権侵害と非難し、あくまで5号を含めて要求を貫徹すべきと叫んだ。中国の抵抗を受けて5号を削除したことについて、東京日日新聞は「我が当局者の大失態不面目は言うまでもなく、我が国民の断じて忍ぶあたわざる所」と書き、東京朝日新聞は中国政府が「帝国の体面を毀損」したとして、「帝国政府が断固たる処決をなすべき」と述べて武力行使を迫った。強硬姿勢を取る日本政府と一体化して中国を罵倒するだけの、新聞の言説とは思えない内容だった。この強硬論の嵐の中で、冷静に二十一ヵ条要求を批判したジャーナリストは、わずかに東洋経済新報の石橋湛山と東洋日の出新聞の鈴木天眼の二人だけであった。

天眼がこのとき、二十一ヵ条要求をためらうことなく批判できたのは、大正政変の頃から、日本政府と軍閥の国家膨張主義、侵略主義の傾向に対して厳しい批判を続けてきたからだ。大正政変の引き金となった陸軍の二個師団増設要求の目的を、大方の新聞は「朝鮮に駐屯させて日本の防衛力を強化するため」と理解していたが、天眼は違うとらえ方をしていた。師団増設の真の狙いは、これを満蒙（満州・内蒙古）に進出させて日本の領土拡大を図るための軍事的準備の第一段階と見た。だから、天眼は大正政変の渦中で、「二個師団増設の裏には満蒙侵略の意思が潜んでいる」、すなわち、「二個師団増設は満蒙侵略の換え言葉」と指摘し続けたのである。従って、議会で「防衛力の強化それ自体に異論はござらぬ」との決まり文句で議論を始めて、まずは師団増設を無条件に容認してしまう議員たちを、「世の中の動きが全く見えていない。のん気な事を言っている場合ではないぞ」と叱ったのである。

そして天眼は、こうして政府や陸軍を大陸進出、満蒙侵略へと不断に突き動かす要因として、大陸建国を夢見る異様なまでの国家膨張主義があると指摘。これを「逆上せる大日本主義」と呼んで指弾した。大隈内閣は、大正政変で頓挫したはずの陸軍二個師団増設計画を、第一次世界大戦参戦と同時に一気に実現させ、さらに対華二十一ヵ条要求にまで踏み切った。この一連の動きを、天眼が「逆上せる大日本主義」が暴走を始めたととらえ、直ちに厳しい批判に乗り出したのは自然の成り行きであった。

長崎から世界へ、平和を訴える

「長崎から世界の皆さんに訴えます。今すぐ休戦を実現して、平和を取り戻しましょう。それは人類としての責務です」。世界大戦が始まって2年経った1916（大正5）年5月28日、東洋日の出新聞1面トップに大型活字を並べた「即時休戦」の訴えが掲載された。

ヨーロッパの戦況は膠着状態が続き、見通しの付かない長期戦の様相を呈していた。毒ガスなどの残酷な新兵器も次々と開発され、戦場は未曽有の地獄と化していた。こうした状況を見て天眼は「これはもはや戦争ではない。殺戮のための殺戮であり、人類絶滅を招く惨禍である」と危機感を示し、即時休戦が急務として、「日本が交戦国から離脱した上で、中立国を介して休戦を働きかけるべき」と提言した。「日本は人道平和のチャンピオンとして立ち、世界人類のために戦禍を収束する役割を果たせ。日本は王道第一人者たれ」と説いた。

天眼が渾身のペンを揮った長崎から世界への平和の訴えだった。「東洋日の出新聞は一地方紙に過ぎないが、人類の叫びを代弁したこの声は必ず、世界に届く」と信じた。「微力ではあるが、無力ではない」という信念が紙面に力を与えていた。

ヨーロッパ各国が戦争で経済停滞に陥ったことで日本の輸出が急増して、日本は大戦景気に沸き、船成金などの「成金」が幅を利かせ始めた。こんな堕落した世相を天眼は嫌い、「他国の戦争に乗じて金儲けするのは、空き巣狙いの根性だ」と叱った。

シベリア出兵に反対

「他人の国に土足で踏み込むまねは許されんぞ。たとえ革命で気に食わない国になったからと言って、外から軍隊を送り込む権利は、どの国にもないぞ。日本は一兵も動かしてはならん」。1918（大正7）年8月、日本政府のシベリア出兵宣言を聞いて、天眼は憤った。

世界大戦中の1917（大正6）年11月、ロシア革命が起こり、社会主義ソビエト政権が誕生した。帝政ロシアは連合国側で参戦していたが、革命新政権は18年3月、ドイツと単独講和を成立させ、連合国の戦列から離脱した。革命の波及を恐れる日本、アメリカ、イギリスなどは、新政権を軍事的に圧迫するためにシベリア共同出兵を決定した。日本政府は18年8月、シベリア出兵宣言を行い、他国より突出して多い7万2千人の大軍を送った。

天眼は、相手が社会主義政権であれ何であれ、他国への出兵は決して許されない、との立場を鮮明にして、日本政府の出兵方針に反対した。「政府の出兵理由にロシア救援という言葉があるが、その言い草は何だ。日本がいつ、ロシア国民から救援を依頼されたと言うのか。他人の国土に土足で踏み込んで救援と自称するなど、傲慢にも程がある」。それは将来に禍根を残す。「ロシアの新政権が日本の行為を侵略と見なし、国民も日本を敵視するようになったら、その禍根は計り知れないほど深刻となろう」。そんな無謀が引き起こす結果を政府は考えているのか、とも問うた。「ロシア内部がいかに騒乱状態になろうとも、シベリア東部が独立するような事が起きても、日本は一兵も動かしてはならない。日本が泡食って戦禍拡大の焚き付け材料になれば、世界大騒乱の引き金を引くことになる」。

シベリア出兵開始から2年後の1920（大正9）年5月、黒竜江河口のニコライエフスクで多数の日本人居留民が虐殺される尼港事件が起きた。日本政府は事件に抗議、賠償を要求して北樺太を保障占領した。国民の間に復讐のための出兵を求める声が高まった。このときも天眼は冷静な対応を求め、こう訴えた。「復讐のための殺戮を行う出兵には再考を要する。そんなことをすれば、さらに犠牲を増やすだけだ。人道上の観点から、それは容認できない。再考せよ、再考せよ」。

そもそもの原因はシベリア出兵にあるということだ。

白虹事件で後藤新平を糾弾

政府がシベリア出兵を宣言した1918（大正7）年夏は、日本を揺るがす、もう一つの嵐が全国各地で吹き荒れていた。米騒動だ。全国の新聞は困窮する国民の声を代弁し、米価の異常な高騰を招いた政府の責任を厳しく追及した。苛立つ寺内正毅内閣は軍隊を投入して鎮圧を図ると同時に、騒動の拡大は新聞が書き立てたのが原因として8月14日、米騒動に関する一切の記事掲載を禁止した。この政府の強権的な姿勢に対して、新聞は一斉に抗議の声を上げ、全国各地域で新聞社合同の抗議集会を開催した。

8月25日に大阪で開かれた関西新聞社大会の参加者の表情を伝えた大阪朝日新聞の記事に「我が大日本帝国は今や恐ろしい最後の裁判《さばき》の日に近づいているのではなかろうか。『白虹日を貫けり』と昔の人が呟いた不吉の兆が（参加者の脳裏に）電《いなずま》のように閃く」というくだりがあった。紙面を監視していた当局は、文中の『白虹日を貫く』に目を付け、直ちに発売禁止とした。これは中国古典に出てくる言葉で、白虹は兵を、日は太陽で君主を意味するとされ、白い虹が太陽を貫くように掛かる光景を兵乱の起こる予兆としたものだ。政府は記事中の『日』は天皇を指し、『白虹貫日』は国家転覆を意味していると言い掛かりを付け、新聞紙法第41条・第42条違反で起訴した。この条項は新聞の永久発行停止を命じることができるもので、大阪朝日新聞社は窮地に立たされた。

話はこれで終わらなかった。大阪朝日新聞社の村山龍平社長が9月28日、大阪・中之島公園で、記事を糾弾する黒龍会や浪人会の暴漢に襲われる言論封殺の暴力事件が起きた。暴漢7人は村山社長を人力車から引きずり降ろし、激しい暴行を加えた後、裸にして灯籠に縛り付け、「天誅」などと書いた白布を首に括り付けて立ち去った。白昼、衆人環視の蛮行だった。

さらに玄洋社の頭山満、黒龍会の内田良平が『非国民「大阪朝日新聞」膺懲、国体擁護運動』を組織し、朝日批判を大々的に展開した。大阪朝日新聞社は国家権力と民間右翼暴力に挟撃される形になって、ますます追い詰められた。

この言論弾圧の異様な展開を天眼は深刻に受け止め、村山社長襲撃事件を「大阪朝日新聞社長村山龍平氏、白昼、大阪中之島において、天誅組とか神風連とか称する壮士らに要撃さる」「壮士は後藤新平の手先と伝えられているので、本件は非常絶大の疑獄に値する」と書いた。後藤新平は寺内内閣の前内相（事件当時は外相）として警察力を強化し、新聞に対する抑圧を強めていた人物だ。天眼は、その後藤を名指しで事件の黒幕と断定し、これは「非常絶大の疑獄」であるとして真相解明を呼びかけたのだ。後藤を疑う理由については書かれていないが、天眼は、犯行グループが所属する黒龍会などの国家主義団体と中央政界の両方に人脈があったので、信じるに足る情報を得ていたと推測される。とはいえ、全国に衝撃を与えた卑劣な言論弾圧暴力事件の犯人を「後藤新平の手先」と書き、時の政府の閣僚である後藤を名指しで黒幕と糾弾したのだから、天眼の勇気に感服する。

「白虹貫日！」～禁句を紙面に躍らせて抗議

政府の報道規制で手も足も出ない状況が続く中、ここで、せめて新聞人としての抵抗の爪痕を残したい。そう思ったのであろうか。さらに半月後、天眼は意表を突く手を打つ。天眼執筆論説の中に、周囲より一回り大きく、線の太い活字で「白虹貫日！」という文字を躍らせたのだ。朝日の「白虹日を貫けり」の一句が咎められて発売禁止となった事件から2か月足らず。しかも、まだ裁判中である。新聞人にとって「白虹貫日」は禁句となっていた時期と言って過言ではない。その渦中で、あえて天眼は、その語句を目立つように「！」マーク付きで堂々と紙面に躍らせたのだ。

その一文はこうだ。「机に向かって原稿を書いている時、ふと軒先から空を見上げると、一筋の白い雲が太陽に差し掛かっている。これが古代中国の人が記す白虹貫日！と言うものか。ドイツ皇帝カイゼルにとって良い占いではないようだ」。カイゼルの運命を占う記述を装いながら、「白虹貫日」に国家衰亡の予兆の意味があることを強調した一文にほかならない。豪胆かつ挑戦的である。政府の言論弾圧に無言の抵抗を示し、新聞人としての意地を見せたのであろう。危険を顧みない天眼の勇気ある行動に、ここでも感服する。

ただ、これ以降、３か月余り、天眼の論説は東洋日の出新聞紙上から消える。理由は分からない。時あたかも、第一次世界大戦が終結を迎えた歴史の転換点である。本来なら天眼が本領発揮して、その解説を縦横無尽に書き続ける時期だ。にもかかわらず、天眼は沈黙を続けた。なぜ、書くことができなかったのか。何が天眼の筆を押さえたのか。天眼は一切、書いていない。それさえ書く自由が奪われていたと推測できるだろう。天眼は後に、この期間を「99日の戒慎状態」にあったと記している。誰に「戒慎」を強いられたのだろうか。

翌年元旦の新聞では、さすがに主筆が何も書かないわけにはいかない。ここで天眼は「今年は、そろそろ我らの意見を吐いても、危険が薄らぐ時が来るだろう」と一言、書く。言論の自由への渇望を表明したものだ。それだけ、抑圧に苦しめられていたということだろう。

二十一ヵ条要求が元凶　〜大隈首相、加藤外相を問責せよ

「終わってみれば、このざまか。日本は大戦前より一層、アジアで孤立しておるぞ。これも大隈内閣が対華二十一ヵ条要求を中国に突き付けた結果だ。責任を取ってもらわねばなるまい。問責すべきは、当時の大隈重信首相と加藤高明外相だ」。第一次世界大戦終結後に日本が置かれた厳しい国際環境を見て、天眼は暗澹たる気持ちに陥った。それが大隈内閣の暴挙が引き起こした重大な結果にほかならないと考えると、激しい怒りが湧いた。

二十一ヵ条要求は中国人の反日感情を高め、ナショナリズムのうねりを呼び起こした。その結果、中国を英米側に押しやり、英米中の日本包囲網ができて日本が孤立した。発火点は4年前の1915（大正4）年5月7日、大隈内閣が二十一ヵ条要求を呑ませるために最後通牒を発した所にある。「大隈、加藤の軍国政策が中国民衆の反抗心に火を付け、攻勢的排日機運を生み出した。ならば、大隈内閣が中国内政干渉の二十一ヵ条を要求した大正4年5月7日の処置を問責

しなければならない。問責されるべき第一人者が大隈、加藤でなくて誰か」。

五・四運動　～中国青年の心情に共感を表明

「中国の青年諸君！」と天眼は東洋日の出新聞紙上で遠い大陸に向かって呼びかけ、「我らは諸君の心情を理解する」と言い切った。ナショナリズムに目覚め、排日の五・四運動に熱狂する中国の青年たちに対してだ。それは決して、同文同種説や利害見地から発した皮相な日中共存論に基づいて言うのではない。「同じ人間として、同じように道義を重んじる立場から、諸君の怒りを理解し、諸君の主張に共鳴し、諸君を支援したいと考えるからである」。この気持ちは辛亥革命の頃から一貫して持ち続けてきたものだ。「我らは日本人だからと言って、日本に都合の良いように虚言をもてあそびながら中国の人々に接したことはない。我らは、ひたすら真心で中国の人々と接してきた。それを信じてほしい。辛亥革命の志士、賢良に対する同情と敬意は終始一貫、変わることがない。だからこそ、中国青年諸君の今の心情が痛いほど分かるのだ」。天眼はそう切々と訴えた。

世界大戦終結の翌年、1919（大正8）年1月からパリで開かれた講和会議で、日本が大戦中に対華二十一ヵ条要求で獲得した山東半島の旧ドイツ権益の取り扱いについて、日中が激しく対立した。中国は大戦中に参戦して戦勝国となった立場から、旧ドイツ権益は中国がドイツから直接、継承すべきものと主張した。一方、日本は二十一ヵ条要求を中国が受諾した以上、日本が引き続き継承すると主張した。議論は平行線をたどり、日本が主張が受け入れられなければ会議を脱退すると強硬な姿勢を見せたため、米大統領ウィルソンが妥協し、日本の主張を認めた。中国はこれに抗議し、講和条約調印を拒んだ。この結果に中国の国民に怒りが広がった。ウィルソンの民族自決主義への期待が大きかっただけに失望も大きく、激しいナショナリズムのうねりが巻き起こった。そして日本が中国に二十一ヵ条要求を強引に呑ませた時から4周年を迎えた1919年5月4日、天安門前に学生、労働者が集まって抗議の声を上げ、警官隊と衝突した。五・四運動の始まりである。抗議行動は中国各地に波及、日貨排斥運動やデモ、ストライキの嵐に包まれた。この状況の中で、天眼は「我らは諸君の心情を理解する」と共感の声を上げたのである。当時、中国蔑視の風潮がメディアを覆う中、天眼の共感表明は異例の出来事であった。

だが、天眼はもう一つ、重大な警告を発することを忘れなかった。それは彼らの反日感情が英米に利用され、結局は中国国民を苦しめることになりはしないか、という懸念である。「諸君が今、反日感情をたぎらせることには、いちおうの理がある。それは理解している。だが、日本を嫌うあまり、英米の言うなりになれば、中国は借款亡国の道を歩むことになる」と天眼は指摘した。イギリス、アメリカの資本は借款という巧妙な手段を通じて、中国市場で独占的な利益を得る体制の構築を目指している。中国を食い物にしようとしているのだ。油断はならない。しかも、中国政府は外国の借款を喜び、安易に「売国契約」を結ぶ傾向にある。中国の国民にとって排日を叫ぶだけでは、問題は解決しないのだ。「諸君の反日の心情は理解できるが、その運動が中国人圧迫の新たな局面を用意することになっては、元も子もない」。だが既に、天眼の警告が届く状況ではなかった。

朝鮮での神社創建を批判　～「日鮮同祖」は歴史の人造

天眼は、韓国併合後の日本政府の朝鮮統治の在り方にも批判の目を向けた。特に厳しく批判したのが、朝鮮に日本と同じような神社を建立して、参拝を強要するやり方だ。1910（明治43）年の韓国併合以降、日本政府は植民地統治の重要な国策として、朝鮮での神社創建に乗り出し、京城神社、平壌神社、光州神社など朝鮮全土に続々と神社が登場した。内鮮一体化政策を進める政府は「日鮮同祖」（日本人と朝鮮人は祖先が同じ）や「内鮮同胞」を謳い、朝鮮人の神社参拝励行によって精神面での内鮮一体化推進を図った。

1919（大正8）年3月1日、朝鮮で独立を求める「三・一独立運動」が勃発してから2週間後、天眼は日本政府の神社創建政策をこう断罪した。「日本の軽薄な政治家たちが、朝鮮にスサノオノミコトの神社を建立し、日鮮同祖に感服する気持ちを人造する計画を発明顔で建議するありさまを見て、あまりの愚かしさに匙を投げた」。

「日鮮同祖」説は歴史の「人造」、すなわち虚構であり、その虚構を本物らしく見せるために朝鮮での神社創建が行われている。しかも、神社の由来として語られるのが日本の神話であるから、これほど朝鮮の歴史や文化を無視した話はない。独立運動勃発という大変な時に、日本の軽薄な政治家たちはそんなことしか考えない。だから驚き、あきれて「匙を投げた」と言うのだ。天眼の怒りが凝縮した一文である。

アジア民衆の心を理解しない「アジア主義者」

世界大戦を通じて浮き彫りになったことがある。それは玄洋社、黒龍会、浪人連など、いわゆる「アジア主義者」と呼ばれる日本人グループが、彼らが連帯すべき中国、朝鮮の青年たちの心情を理解しようとせず、両者の溝が広がりつつあることだ。アジア民衆の連帯を掲げながら、その活動がアジアの心に亀裂を生む作用しかもたらさないのであれば、「アジア主義」の旗そのものの信憑性が問われることになる。

亀裂を生む最大の原因は、日本のアジア主義者が「日本は東洋の盟主」とする考えを持ったまま、中国の青年たちに接するからだ。必然的に反発を買い、連帯は生まれない。天眼は指摘する。「日本の国家主義者が自国優位の思想を持ったまま『アジアの連帯で白人国家に立ち向かおう』と呼びかけても、その場合の『アジア主義』は単なる『対白人用の標語』に過ぎない。そんな都合の良い、上辺だけの標語に中国人も朝鮮人も同調してこない。互いの同情と敬意に支えられた真のアジア主義でなければ、国境を越えて広がることはないのだ」。

アジア主義に二種類あり　〜「軍閥の手先」と決別

「このような連中とは金輪際、一緒にやれんな。何かといえば対外強硬論を煽って出兵を叫び、自分たちと反対の意見の人間に対しては平気で暴力を振るう。こんなものはアジア主義ではないぞ。これは満蒙侵略を狙う陸軍のお先棒担ぎに過ぎん。軍閥の手先じゃ」と天眼は吐き捨てた。そして、「彼らと決別し、これからは私一人になっても、アジアの人々との平等・互恵の関係を守る真のアジア主義を追求していく」と固く決意した。天眼がここまで思い詰めたのは、１９１３（大正２）年９月に外務省政務局長、阿部守太郎が、玄洋社の頭山満、黒龍会の内田良平らの対外強硬論の影響を受けた若者に暗殺される事件が起きたからだ。阿部の進める冷静で視野の広い外交政策を高く評価していた天眼は、この事件を日本外交から理性が奪われる転機になりかねないと懸念し、歯止めなき暴力を糾弾したのだ。

事件の経過はこうだ。辛亥革命後、孫文から中華民国臨時大総統の座を引き継いだ袁世凱は、次第に独裁色を強め、孫文ら革命派を弾圧するようになった。孫文らは１９１３年７月、第二革命を宣言し、抵抗を始めたが、袁世凱率いる政府軍に圧倒され、孫文、黄興は日本に亡命した。この過程で、政府軍による現地日本人への暴行、殺傷事件が続発したため、日本国内で中国への出兵を求める世論が沸騰した。だが、山本権兵衛内閣は慎重姿勢を堅持。外務省政務局長、阿部守太郎も出兵要求拒否の方針を示し、外交交渉による解決に全力を挙げていた。一方、頭山満、内田良平らは「対支同志連合会」を組織して、政府に出兵を求める国民大会の開催などで強硬世論を盛り上げた。

この状況下で暗殺事件は起きた。9月5日、帰宅した阿部を18歳と21歳の若者二人が襲い、刺殺した。犯行後、18歳の少年は中国の地図を敷いた上で割腹自殺を遂げ、21歳の青年は大陸に逃亡しようとして逮捕された。二人の犯行に頭山、内田が関与したかどうかは判然としないが、二人が頭山、内田らの思想的影響を受けていたことは確かだ。頭山は自殺した18歳少年の墓碑銘を揮毫しており、結果的に犯行を是認したと見て間違いない。頭山、内田は18歳少年の自殺を「命を捨てて政府を諫めた」と美化して政府批判に利用したため、国民の対中強硬論はさらに高揚した。

この暗殺事件に天眼は衝撃を受けた。東洋日の出新聞で事件を報じる記事を「乱を好み、戦を煽る魔風が東京に吹き荒れた」と書き出し、「理識厳格」な阿部守太郎が「理識心算ゼロ」の対外強硬派に命を奪われたと糾弾した。阿部は、やたら勇ましいことを叫ぶ昨今の風潮、すなわち「時代愚」の犠牲になったとも書いた。「頭山、内田が中国出兵論を煽る本当の狙いは、満蒙侵略に道を開くことにある。満蒙侵略は陸軍の年来の願望であるから、結局、頭山、内田は陸軍に利用されている『軍閥の手先』『武閥の傀儡』に過ぎない」とも言い切った。以降、天眼は頭山、内田を名指しで批判するようになる。暴力で脅しながら激しい国家主義の運動を展開する頭山、内田の存在を考えれば、天眼の勇気の程が推し量れるだろう。

天眼はひるまなかった。国の将来を左右する重大な問題であるからだ。「アジア主義には二種類ある。真のアジア主義と偽りのアジア主義の二種類だ。今回、純雑が判明したのは良いことである。このまま偽りのアジア主義が跋扈《ばっこ》すれば日本は亡びる。そうならないように、私は日本のために勇気を振り絞って、真のアジア主義を求めて進もう」。

西郷四郎、死す

1922（大正11）年12月23日、広島県尾道市で療養中の西郷四郎が56歳で亡くなった。訃報はその日のうちに、尾道にいた西郷の養子、孝之から電報で伝えられ、翌日の東洋日の出新聞に「本社創立以来の功労者」として功績を称える死亡記事が掲載された。天眼は特別に追悼文を書き、辛亥革命現地取材の奮闘ぶりなど、数々の思い出を綴った。西郷は辛亥革命の7か月前に長崎市の女性と結婚、子どもにも恵まれ、落ち着いた生活を送っていた。しかし、次第にリウマチが悪化し、縁あって尾道で療養を続けていた。

葬儀は翌年4月7日、長崎市の皓台寺で東洋日の出新聞社葬として盛大に執り行われた。

関東大震災　～朝鮮人虐殺に怒る

　1923（大正12）年9月1日、関東大震災が発生した。この混乱の中で、流言飛語に惑わされた人々による朝鮮人の虐殺という惨劇が起きた。デマを信じた人々は自警団を組織し、手当たり次第の虐殺に及んだ。殺害された朝鮮人は数千人に上ると見られる。

　この狂気の蛮行を天眼は深刻に受け止めた。「狂獣のごとき官民の血迷い騒動は、新聞に書くことすら、憚られる」と述べた上で、各地の自警団による虐殺行為を列挙する。すべては流言飛語に発している。「さあ、朝鮮人が来たと誰か一人が叫べば、わっと悲鳴を上げて人波がはねる始末で、全くお話にならぬ修羅場、生き地獄だった。このような阿呆らしい話は、後になれば想像もできないことだが、当日は実際この通りだったのだ」と書く。いくら未曽有の大災害の渦中にあったとは言え、「ありもしない仮想、幻影に狼狽して一斉に凶行に走る」などという醜態は、「平家腰抜けの風声鶴唳《ふうせいかくれい》どころの話ではなく、我ら日本国民として語るも赤面の恥ずかしさである」と嘆く。

それにしても、情けない国民の心性である。情けない上に、醜悪かつ残酷である。強者には屈従しながら、弱者には居丈高に振る舞い、残忍極まる殺人行為ですら躊躇なく実行する。一体、どうすれば、このような異様な国民の心性が形成されたのか。天眼は、閥族政府の教育の悪い影響だ、と言う。「閥族が、小学生の頃から盲従教育ばかり施して、人格形成やデモクラシー理解の教育を放棄しているから、個人が自分の頭で考えて冷静に行動するという習慣が身に付いていない。だから、いったん、挙国悲運の逆境に遭遇すると、強者は気ばかり荒くなって始末が付かず、弱者は神経衰弱に陥って喪家《そうか》の狗《いぬ》のように尾を垂れる。そんな教育を続けた結果が、この震災での『血迷い騒動』だ」。

朝鮮人虐殺という蛮行は、決して偶発的な出来事ではない。明治末期以来の政治のゆがみがもたらした人心の荒廃が、災害に直面して一気に露呈したものと見るべきだ。根は深い。大震災は大正日本の国民が抱える心の闇をあぶり出したのである。

大杉栄、伊藤野枝の虐殺を糾弾

「野枝、野枝。どうして野枝がむごい殺され方をされなければならんのだ」。

関東大震災の混乱の中で、９月16日には無政府主義者の大杉栄《おおすぎさかえ》、伊藤野枝《いとうのえ》夫妻が、連れていた６歳の甥と共に東京憲兵隊に虐殺される事件が起きた。野枝の痛ましい死を知って天眼は慟哭した。10代の野枝の才能を見込み、「東京の学校に進学して大いに勉強し、世の中の役に立っておくれ」と励まして、上京を勧めたのは天眼だった。

天眼は、野枝の叔父で、福岡から長崎に来て実業家として活躍していた代準《だいじゅん》介《すけ》と友人だった。代は１９０８（明治41）年春、福岡にいた姪で13歳の野枝を長崎の高等小学校で勉強させるために呼び寄せ、自宅から通学させたことがあり、天眼も野枝を知っていた。同年秋、代が東京へ転居したため、野枝は福岡に戻ったが、野枝の向学心は高まるばかりで、「東京の上野高女に通わせてほしい」と代に訴え続けた。そこで代が天眼に相談したところ、天眼は「ぜひ、勉強を続けさせてやってほしい」と東京への進学を勧めた経緯があった。

虐殺の犯人は東京憲兵隊の甘粕正彦《あまかすまさひこ》大尉だった。野枝ら3人を拉致し、麹町憲兵分隊構内で殺害し、遺体を構内の井戸に投げ込んだ。天眼は、この残酷極まる非道に言葉を失い、「悪魔の所業を許さない」と怒りに震えて書いた。しかし世間では、この蛮行に怒るどころか、甘粕を擁護する風潮さえ広がっている。そうした擁護論の中心にいるのが在郷軍人会の人々だ。右翼団体や在郷軍人会は「国士」甘粕の減刑嘆願署名まで行うほどだった。このような主張がまかり通れば、「国家の為なら独断で社会主義者を殺してもよいのだ」などという無法容認の考えが軍人、警察官に浸透していく恐れがあった。この風潮を危惧した天眼は在郷軍人に向かって警告した。「在郷軍人諸君は、閥武の虚偽宣伝に惑わされてはならない。事実や情報を自分の頭で判断せよ」。軍人と警察官にも警告した。「『無辜の市民を殺しても国家の為だ』などと放言してサーベル特権を振り回すまねは許されない。そんなことをすれば、諸君に天罰が下るぞ」。当時の軍人や警察官が肝に銘じるべき警告であったろう。

軍法会議で甘粕は自己正当化の詭弁を述べ立てた。これに天眼は怒った。「もし私刑や天誅が容認されるなら、そのような行為自体が国家体系を破壊し、無法で無国家の状態を招く。甘粕は無政府主義者に天誅を加えたと言うが、甘粕こそが国家、国法を破壊する無政府主義者ではないか」。そして叫んだ。「大杉が危険と言うなら、甘粕も危険だ。軍法会議は甘粕の国法無視を厳しく裁け」。

野枝ら3人の遺骨を福岡・今宿に持ち帰った代準介は、葬儀の知らせを天眼に出した。そこには、代が野枝を偲ぶ句も添えられていた。〈伸びて散る　花も時あり　野藤かな〉。天眼はこれら全文を10月12日の東洋日の出新聞1面トップに掲載して、野枝らを追悼した。

日中兄弟ではなく、日中弟兄で

「日中友好の気持ちを表現する時に、『日中兄弟《けいてい》』と言うのは感心しない。それではどちらが兄か、という話になって、気まずくなるからだ。そうではなくて、

『日中弟兄』と言うのが、よろしかろう。自分の方から『私が弟分です』と言って謙譲の気持ちを表せば、万事、円満に話が進むだろう」。

　第一次世界大戦が終わり、英米が再び中国市場に目を向け始めた。本来なら、日中が力を合わせて英米資本の攻勢に立ち向かわなければならないときなのだが、残念ながら、中国の人々は反日ナショナリズムに駆られ、日本を憎むあまり英米の側に付き、いつの間にか、英米中の反日包囲網まで築かれている。日本は「八方塞がり」の窮地にある。これでは英米資本が中国を食い荒らし、いずれアジア全体が食い物にされる。そうなれば日本も中国も亡国の憂き目に遭う。それを阻止するためには日中の協力が不可欠だ。その協力関係を築くためには、日中が信頼し合い、固い絆で結ばれる必要がある。その信頼醸成の第一歩として天眼が提唱したのが、『日中兄弟ではなく、日中弟兄と言おう』であった。

「東洋の盟主」意識と神国思想を控えよ

英米の脅威を前にしながら、日中の人々は、なぜ連帯できないのか。連帯を阻んでいる根本的原因を、まず解決すべきと天眼は訴え続けた。日本人がすぐに「日本は東洋の盟主」と言い、「日本は神国」と言う問題だ。どちらも相手に対して絶対的に優位にあるという自己認識を吐露する言葉で、これを言ってしまえば連帯の基盤が失われる。天眼は「日本人は何にでも主従関係を持ち込みたがる。自分たちが勝手に東洋の盟主と自称して、相手が黙って従うわけがない。盟主なんぞは余計な文句じゃ」と指摘する。

「日本は神国」も相手の立場に配慮しながら使わなければならない言葉だ。自国を「神の国」と名乗った途端、相手の国は「神の国ではない国」となり、自分の国より劣った国と見なすと相手に向かって宣言したも同然である。「それでアジアの人々にうなずいてもらえるか」と天眼は問う。答えは明白だ。要するに、日中の連帯、アジアの連帯を成立させないようにしているのは、日本人自身の言動にある。「そのことに早く気付け」と天眼は訴えた。

日本は欧米列強のまねをするな

「欧米列強の圧迫が強まっているのに、日中が反目していたら共に国が亡びるわ。日中提携は喫緊の課題じゃ。日本人は危機感を持たねばならん」と天眼は警鐘を鳴らした。理由は、日中が力を合わせなければ、列強の圧迫をはねのけることはできないからだ。日中が対立したままでは欧米帝国主義に呑みこまれ、「日中両亡」となるのは火を見るより明らかだ。

だが、現実はどうか。日本は列強のまねをして、中国での利権獲得に血道を上げている。「日本が強欲外交を推し進め、中国で西洋人のお先棒を担ぎ、高利貸しのような利権漁りにうつつを抜かしているようでは、日中提携などは夢物語だ」と天眼は嘆く。日本の振る舞いに中国の人々が憤激するのも無理はない。「日本政府の傲岸不遜な態度には、日本人さえ我慢の限界に達している。ましてや隣国の人々が憤激するのに何の不思議があろうか」。

日本は中国を支援する姿勢を持つべきだ。中国を利用しようと考えてはならない。「日本が中国の困難に同情するなら、中国の主権確立に助力し、無償融資を与えて、端午節句の越せない瀬戸を越せるようにしてあげればよい。まずは日本の誠意を見せよ」。しかし、日本政府は中国に借款を押し付けて利益を得ようとしている。天眼はこれを「中国の人々を鵜飼の鵜のように見なす非道の政策」と呼んだ。列強の借款外交と同じことを日本がやろうとしているのだ。「鵜飼のごとく咽喉輪を付けて借款を食《は》ませるのは罪深いことであるぞ」。

孫文の大アジア主義演説と共鳴

1924（大正13）年11月28日、孫文は最後の訪日で、日本はアジアの側に付くのか、それとも西洋列強の側に付くのか、と日本人の覚悟を問うた。神戸で行った「大アジア主義演説」だ。孫文は「東洋の文化は仁義道徳を中心とする王道文化であり、西洋の文化は武力、鉄砲を中心とする覇道文化である。大アジア主義とは文化の問題であり、我々アジア民族は団結して仁義道徳を中心とするアジア文明の復興を図り、この文明の力をもって西洋の覇道文化、西洋の横暴なる圧迫に抵抗しなければならない」と説いた上で、日本人に対して「西洋覇道の番犬となるのか、東洋王道の干城となるのか、あなたがた日本国民が慎重にお選びになるべきことです」と結んだ。柔らかい口調ながら、実は厳しく日本人に決断を迫った問いかけだ。

孫文はこの演説に先立つ23日、長崎港の船上で記者会見を行い、同じ趣旨の発言をしている。そこで孫文は「日本は今こそ、アジアの目覚めた国々と提携して西洋列強に立ち向かう使命があるのに、その使命を忘れ、逆に西洋と一緒になって、アジアに対して『貪狼《どんろう》の欲をほしいままにする』』、すなわち、狼のような欲望をむき出しにして利権を貪《むさぼ》る傾向がある」と指摘。「日本が列強の尻馬に乗って、アジアの日本がアジアを痛めつける」愚を犯すことを戒めた。まさに大アジア主義の立場から日本に苦言を呈したのである。この会見を伝える東洋日の出新聞は「孫文は大アジア主義の理念を、いつまでも熱く語り続けた」と書いている。

会見での孫文の発言と、この前後に天眼が主張した内容が驚くほど見事に重なっている。日本に対して孫文は「西洋の尻馬に乗るな」と言い、天眼は「西洋人のお先棒を担ぐな」と言う。孫文が「日本は狼のまねをするな」と言えば、天眼も「鵜飼のまねをするな」と言う。そして共に「日本はアジアと信頼関係を築き、アジアと連帯して西洋列強に立ち向かえ」と提唱した。孫文が最後の訪日で力を振り絞って訴えた大アジア主義に、長崎の天眼も大アジア主義の論説で応えた。それは孫文が日本人に向けて発した魂の叫びに対する、長崎からの魂のこもる応答であった。日中の大アジア主義が長崎の空で見事に共鳴した。

天眼の近況を尋ねる孫文に師父の情あり

長崎港での船上記者会見を終えた孫文は、東洋日の出新聞記者に近寄り、通訳の戴天仇を通じて、「鈴木天眼先生はお元気ですか」と問いかけた。記者が「社長は病気療養中ですが、今も変わらず意気軒高です。いつも孫文先生のご活躍を聞いて喜んでおります」と答えると、孫文は目を細め、「それはよかった。天眼先生と東洋日の出新聞社の方々が求める時代が、もうじき訪れると信じます。どうか、今後ますますのご健闘を祈ります」と激励の言葉を記者に託した。この時、孫文の顔に「師父の情あり」と記者は書いている。力強く励ましながらも、表情は師父のように優しく、思いやりにあふれていたのだろう。

辛亥革命達成から1年余り後の1913（大正2）年3月、中華民国臨時大総統の座は袁世凱に譲ったものの、なお鉄道大臣の要職にあった孫文は、日本公式訪問の帰途、長崎市の天眼の自宅を訪れ、東洋日の出新聞の革命応援報道への感謝と、病気見舞いの言葉を述べた。天眼も、アジア初の共和国建設という孫文の偉業を称え、さらなる奮闘に期待した。二人は、辛亥革命を起点にアジアの未来が拓けゆく夢を分かち合った。

それから11年8か月。中国は内乱状態で、革命未だ成らずである。苦労を重ねる孫文は、アジア主義者と呼ばれる日本の志士に支援を求めながらも、彼らの言うアジア主義と孫文の目指すアジア主義は遠く隔たり、その溝は埋め難いことを知っている。そんな中で、日本にも鈴木天眼のような真のアジア主義の夢を分かち合える仲間が存在することは、孫文に慰めと希望を与えたことだろう。天眼もまた、日本のいわゆるアジア主義者の間で孤立を深めながらも、真のアジア主義を求める信念は揺らがない。その険しい道を歩む傍らに、国境を超えて大アジア主義の夢を共有する孫文という仲間が存在することは大きな励ましとなっただろう。残された時間を夢の実現に邁進しようと、二人とも心に誓ったはずである。

日本のアジア主義に二種類あり　〜孫文、苦い思いで帰国

長崎から神戸に着いた孫文は、大アジア主義演説直前の25日、玄洋社の頭山満と面会した。ここで頭山は、二十一ヵ条要求撤廃、遼東半島還付に協力を求めようとする孫文に対し、機先を制する形で「我が国民の大多数が承知しないであろう」と言って拒絶の意思を示し、孫文を落胆させた。東京にいる頭山に電報を打

ち、神戸に出向いて拒絶の意思を孫文に明確に伝えておくよう求めたのは、黒龍会の内田良平だった。

一方、その前に寄港した長崎で、孫文は、東洋日の出新聞が二十一ヵ条要求を批判し、満蒙侵略に反対してきたことを同社記者から知らされていたはずである。「日本のアジア主義に二種類あり」。孫文は帰国の船上で、そんな苦い思いを噛みしめていたかもしれない。これが孫文、最後の訪日となった。

この翌年3月に孫文は亡くなる。勢いを増す時代の暗流の中で、大アジア主義の旗は漂い、いったんは歴史の舞台から消える。だが、孫文と天眼が共有した大アジア主義の夢は今も色あせることなく輝いている。その夢が再び、アジアに広がる日もあるだろう。

民主主義を守る決意が国民に問われる

「国民は政治に対する最後の審判官である」。鈴木天眼は明治時代後期の

１９０８（明治41）年、あるべき政治の根本理念をこう述べた。今でいう民主主義に等しい政治理念である。政府や政治家は国民を虚言で騙し、利益で誘導し、命令絶対主義教育で服従させようとする。それゆえに、政治は腐敗し、国の進路を誤る危険をはらむ。そうならないように、国民こそが政治の主役であることを自覚し、「最後の審判官」として立ち現れなければならないと天眼は説いたのである。天眼は民主主義の理念を時代に先駆けて、自分の言葉で提示できた稀有のジャーナリストであった。

天眼は同時に「間違った政治に対する国民の反発力」の重要性を説き、「国民の反発力が失われた国は遠からず衰亡する」と警鐘を鳴らした。国民には「間違った政治を正す力」が与えられているにもかかわらず、国民がそれを自覚せず、あるいは、その力を発揮する努力や気概に欠けているとき、間違った政治は、いつまでも、まかり通り、やがて国が衰亡する。天眼が最も訴えたかったのはこの点であろう。近代日本の政府は内政でも外交でも、ときに非道と呼ぶべき過ちを重ねてきた。それを許してしまう国民がいたからである。それどころか、国民は容易に騙され、扇動され、結局は不幸を背負い込まされた。天眼が、軽々しく沸騰し揺れ動く世論に真っ向から抗《あらが》い、信念を貫く姿勢を崩さなかったのは、このような政府と国民の関係が見えていたからだ。それと闘うことがジャーナリストとして最も誠実な生き方であると信じたからだ。そして、そこに、鈴木天眼の警鐘が百年の歳月を超えて、21世紀の我々の胸に重く響く理由がある。天眼が直面した問題は、今、我々が直面している問題であるからだ。天眼の論説は現代においてこそ、読まれるべきものかも知れない。

あとがき

1902（明治35）年1月1日に長崎で東洋日の出新聞を創刊した鈴木天眼は、1926（大正15）年12月10日、59歳で亡くなった。東洋日の出新聞はその7年後に廃刊になったとの説があるが、確認できる記録はない。いずれにしても、天眼の健筆に支えられた異色の新聞であっただけに、天眼を欠いた後の長期存続は難しかったと思われる。長崎県立長崎図書館に、創刊から天眼が亡くなる2年前までの23年分の紙面が、奇跡のように丸ごと保存されている。本書は、その紙面から天眼の主張や行動を再構成したものである。

同紙によれば、東洋日の出新聞は日露戦争中から長年にわたり、長崎県内の複数の地元競合紙を抑えて、県内新聞購読部数シェア1位の座を守り続けた。それが事実ならば、政府を敢然と批判して動じることのない、反骨精神あふれる新聞を、地域の人々が支持し続けたことを意味する。すなわち、明治時代後期から大正時代の長崎に、ジャーナリズムの意義をよく理解し、その精神を尊ぶ言論空間が確かに存在したということになる。それは歴史の彼方に遠ざかりつつあるが、今も過去に向かって目を凝らせば、往時の光芒を感じ取ることができる。光芒の由《よ》って来たる所は理性の灯である。その灯を現代に受け継ぎ、未来にかざせば、我々にとっての、またとない希望の灯になると信じてやまないのである。

■著者紹介
高 橋 信 雄（たかはし　のぶお）

ノンフィクション作家。長崎市在住。

1950年生まれ。九州大学経済学部卒。元長崎新聞論説委員長。

1990年、「天皇に戦争責任はあると思う」と発言した本島等長崎市長が右翼の男に銃撃された事件現場のスクープ写真で日本新聞協会賞を受賞。

著書に『東洋日の出新聞　鈴木天眼〜アジア主義もう一つの軌跡』（日本自費出版文化賞・研究評論部門賞を受賞）、『鈴木天眼　反戦反骨の大アジア主義』（平和・協同ジャーナリスト基金賞奨励賞を受賞）

鈴木天眼
大アジア主義の夢

二〇二三年八月十日　発行

著　者　高橋信雄
発行者　阿部隆一
発行所　歴史春秋出版株式会社
〒九六五－〇八四二
会津若松市門田町中野大道東八－一
電話〇二四二－二六－六五六七
印　刷　北日本印刷株式会社